그림으로 맛보는 조선음식사

그림으로 맛보는

조선음식사

주영하 지음

Humanist

머리말

조선시대 식생활과 음식의 역사를 살피는 연구 방법은 여러 가지다. 가장 먼저 대표적인 문헌인《조선왕조실록》을 떠올릴 수 있지만, 막상 이 방대한 책을 펼쳐보면 기대와 달리 음식 관련 기사가 매우 적다. 왕과 신하가 나눈 공식 대화에서 식량 문제와 국가 제사의 제물 종류는 다루어지지만, 왕의 맛 취향이나 신하들 사이에서 인기 있는 음식은 나오지 않는다.《조선왕조실록》에 비해 임금과 신하 사이의 대화가 매우 상세한《승정원일기》도 크게 다르지 않다. 다만 왕의 주치의인 의관과 왕이 건강 상태에 관해 대화를 주고받을 때 맛 취향이나 인기 있는 음식의 이름이 간혹 언급될 뿐이다.

조선시대 음식 관련 문헌을 읽을 때 가장 주의해야 할 점은 내용의 사실성factuality 여부다.《물명고物名攷》의 저자 유희柳僖(1773~1837)는 "대체로 새롭지 못하고 오래된 옛 서적과 문장에서 취하여, 삼키고 씹기를 여러 번에 걸쳐 한다大槪多取其陳久糟粕 吹咀屢遍"라고 당시 지식인의 글쓰기가 지닌 문제점을 지적했다. 즉, 조선시대 지식인들은 옛 문물·사상·제도 등을 중하게 여기는 상고尙古 정신에 근거하여 앞선 성현과 선배 학자의 글을 먼저 적고, 자신의 생각을 주석으로 덧붙이는 글쓰기 방식을 당연하게 여겼다. 따라서 조선시대 음식의 역사를 공부할 때는 문헌에 나오는 내용이 실제로 행해졌는지 따지는 작업이 반드시 이루어져야 한다.

반면 그림 자료는 문헌과 달리 식생활과 음식의 사실성을 가장 잘 묘사한 사료이다. 내가 조선음식사朝鮮飮食史를 다루면서 그것을 보여주는 수단으로 그림을 택한 이유다. 조선시대 그림 자료 중에 여러 화가가 그린 풍속화와 왕실·사대부의 행사를 사진처럼 묘사한 기록화에는 식생활이나 음식과 관련된 장면이 제법 많이 나온다. 김홍도가 그렸다고 알려진《단원풍속도첩》25폭 중에도 음식 관련 장면이 적지 않다. 하지만《단원풍속도첩》의 작가와 제작 시점에 관해 미술사학계에서 논란이 많으므로 이 책에서는 〈어장〉만을 다뤘다. 이처럼 나는 가능하면 작가와 시기가 분명한 그림 자료 22점을 골랐다. 그래야 그림 자료의 사료적 성격이 분명해지기 때문이다.

이 책은 2005년 1월에 출판한《그림 속의 음식, 음식 속의 역사》를 저본 삼아 완전히 새롭게 집필한 신판이다. 나는 당시 목차를 '서민', '궁중', '관리', '근대적 시선'의 4장으로 구성했다. 책을 펴낸 후 줄곧 500년이 넘는 조선시대의 식생활과 음식 변천사를 살피지 못한 점을 두고 학술적 반성을 거듭했다. 이 책은 그 반성의 결과물로, 그간의 연구를 바탕으로 조선음식사의 큰 흐름 속에서 각 그림을 살필 수 있도록 시기별 목차를 재구성했다.

나는《조선의 미식가들》에서 한반도의 음식 역사를 다섯 시기로 나누었다. 첫 번째 시기는 고려 말 원나라 간섭기 이전으로, 불교의 유입으로 인해 지배층의 육식 기피 현상이 두드러졌던 때이다. 두 번째 시기는 원나라 간섭기로, 이전까지 위축되었던 육식 문화가 다시 확대되고 만두와 증류주 등이 외국에서 들어왔다. 세 번째 시기는 고려 말에 유입되어 조선 왕조의 통치 이념이 된 성리학의 영향이 지대했던 때이다. 두 번째와 세 번째 시기의 식생활 양상은 이 책의 1부에서 다루는 조선 초기, 즉 16세기~17세기 초반까지 지속되었다. 다만 왕실과 사대부의 행사를 묘사한 기록화만 전해지므로 일반 백성의 식생활을 다루지 못했다. 그래도 1부의 머리글을 읽으면 궁금증을 조금이라도 해소할 수 있을 것이다.

《조선의 미식가들》에서 다룬 네 번째와 다섯 번째 시기는 17세기부터 본격적으로 시작된 연행사燕行使의 청나라 방문과, 아메리카 대륙과 구대륙 사이에 이루어진 식재료의 '콜럼버스 교환Columbian Exchange'의 영향을 크게 받은 조선 후기다. 17세기 중반 이후 식생활 모습을 살필 수 있는 그림 자료는 매우 많이 전한다. 그래서 이 책에서는 2부의 17세기 중반~18세기 후반, 3부의 19세기 초반~19세기 중반, 그리고 4부의 19세기 후반~20세기 초반으로 시기를 나누었다. 17세기 중반~18세기 후반은 숙종·경종·영조·정조의 시대다. 이 시기 조선은 연이은 전쟁과 대기근을 겪었으나, 숙종의 안정적인 통치로 위기를 극복하고 전에 비해 풍요로운 식생활을 영위할 수 있었다. 19세기 초반~19세기 중반은 세도정치 아래에서 한양을 중심으로 부유층이 형성되어 식생활의 사치가 극심했던 때다. 19세기 후반~20세기 초반은 쇄국에서 개방으로 나아간 시기다. 특히 서양과의 접촉은 식생활의 변화를 가져왔고, 그 반작용으로 조선인 역시 스스로 조선 음식을 자각하기 시작했다.

캐나다 토론토대학교 역사문화학과의 제프리 필처Jeffrey Pilcher는 1990년대 영미의 역사학계에 '신문화사new cultural history'가 등장하면서 '역사학적 음식 연구'가 활기차게 이루어졌다고 했다. 신문화사 연구는 한 장의 고문서나 한 점의 그림을 '두껍게 읽어thick description' 당대의 사건과 사회문화적 맥락을 재구성해낸다. 《그림으로 맛보는 조선음식사》 역시 이러한 역사 읽기의 일환이다. 500년 조선음식사의 윤곽을 제시하고 그에 맞춤한 그림들을 뽑아 사실적인 모습을 살핀 이 책을 통해, 그림 한 점에 담긴 조선시대 식생활과 음식의 역사를 두껍게 읽는 즐거움을 맛볼 수 있을 것이다.

차례

3부 세도가의 사치, 백성들의 굶주림
: 19세기 초반~19세기 중반의 음식사

4부 이국과 근대와의 조우
: 19세기 후반~20세기 초반의 음식사

1부

새로운 왕조, 새로운 입맛
: 16세기~17세기 초반의 음식사

고려 왕실에서는 불교를 숭상했으므로 왕족과 고위 관료들은 육식을 금하고 채식을 했으며, 차와 밀가루 음식을 즐겼다. 고려는 1231년(고종 18)부터 몽골의 침략을 받아 약 30년 동안 항전을 벌였지만, 결국 1259년(고종 46)에 강화했다. 몽골이 세운 원나라는 이때부터 1356년(공민왕 5)에 이르기까지 고려 왕조에 정치적·경제적으로 간섭했으며, 역사학에서는 이 시기를 '원간섭기'라고 규정한다. 이 시기에 고려 왕실과 지배층은 육식과 음주를 즐기기 시작했다. 특히 몽골을 비롯한 북방 유목민족의 다양한 고기 요리법이 고려에 소개되었다.

조선을 건국한 태조 이성계(1335~1408, 재위 1392~1398)의 조상은 지금의 함경북도 두만강 일대에 거주하면서 세력을 키웠다. 주로 목축을 하는 그 지역의 식습관에 익숙했던 조선 초기 왕실 구성원들은 고기와 술을 애호했다. 술로 정치를 펼쳤다고 해도 지나치지 않을 정도였는데, 1부에서 다루는 16~17세기 초반의 그림

〈중묘조서연관사연도中廟朝書筵官賜宴圖〉와 〈기영회도耆英會圖〉는 관료들이 잔치에서 왕이 내린 술을 마시는 장면을 담고 있다. 그러나 대부분의 술, 그중에서도 증류주인 소주의 주원료는 곡식이었으므로 흉년이 들 때에는 과도한 술의 제조를 금지해야 했다. 이에 조선의 왕들은 '주금酒禁'과 '우금牛禁'을 자주 명하며 음주와 도살을 경계했지만, 왕실부터 이를 자주 어겼으므로 강력하게 시행되기 어려웠다.

조선 전기에 등장한 여러 요리책은 이런 음식문화를 반영하고 있다. 세조(1417~1468, 재위 1455~1468) 연간에 어의 전순의全循義는 《산가요록山家要錄》의 '주방酒方' 항목 첫머리에서 술을 빚는 데 쓰이는 계량 단위와 술 빚기 좋은 날을 일러준 뒤, 바로 이어서 소주를 비롯해 청주·탁주·감주 등 50가지에 이르는 술의 제조법을 정리해놓았다. 지금의 경상북도 안동에 살았던 선비 김유金綏(1491~1555)는 《수운잡방需雲雜方》의 상권 〈탁청공유묵濯清公遺墨〉에서 삼해주三亥酒를 비롯하여 41가지의 술 빚는 법과 안주 요리법을 한문으로 소개했다.

조선 왕조는 고대 중국의 한나라 때 정리된 황실 잔치의 예법을 받아들여 왕실 잔치에 그대로 적용했다. 연회의 좌석 배치 규칙이 그중 하나였는데, 참석자 중 서열이 가장 높은 사람이 등을 북쪽으로 향하는 북벽에 앉고, 그다음 동벽과 서벽을 번갈아 앉았다. 1부에서 살펴볼 〈중묘조서연관사연도〉, 〈기영회도〉, 〈선묘조제재경수연도宣廟朝諸宰慶壽宴圖〉 그림 속 연회에서도 그 모습을 확인할 수 있다.

세종(1397~1450, 재위 1418~1450)이 재위했던 15세기 초중반부터 조선은 그 전에 비해 경제적으로 상당히 안정되었다. 농업과 어업의 생산량도 증가해 먹을거리도 풍부했다. 하지만 연산군(1476~1506, 재위 1494~1506) 연간에 이르자 폭정과 연이은 가뭄으로 사회가 혼란해졌고, 중종(1488~1544, 재위 1506~1544) 때가 되면 밥을 지을 곡식조차 부족한 일이 자주 일어났다. 기온이 평년에 비해 아주 낮은 이상저온현상으로 가뭄, 우박, 서리 등의 재해가 잇달아 발생했던 것이다. 학자들이 '소빙기小氷期'라고 부르는 이 시기에는 흉작으로 곡식이 부족해지고, 전염병도 자주 돌아 사람뿐 아니라 가축들도 쓰러지는 일이 잦았다.

〈중묘조서연관사연도中廟朝書筵官賜宴圖〉
작자 미상, 《의령남씨가전화첩宜寧南氏家傳畵帖》, 16세기 초반, 42.7×57.5cm, 홍익대학교박물관 소장.

01

경복궁 근정전 앞마당에서 술에 취해 비틀거리다

우뚝 솟은 전각이 북쪽 중앙에 자리 잡고 있고, 돌계단 앞마당에는 거칠게 떼어내 울퉁불퉁한 돌판 박석薄石이 남쪽을 향해 기다랗게 깔려 있다. 임금만 다닐 수 있는 길이었던 이 어도御道의 좌우에 여러 사람의 모습이 보인다. 마당 오른쪽에는 관복을 갖추어 입고서 비틀거리는 두 사람과 그를 부축하는 하인들이 그려져 있다. 왼쪽에는 수십 명의 관리, 춤을 추고 악기를 연주하는 사람들, 흰색의 항아리 두 개가 놓인 탁자를 사이에 두고 선 사람들이 보인다. 그 아래에는 마당의 오른쪽에서와 마찬가지로 몸을 가누지 못하는 관원을 하인이 부축하고 있다. 아마도 항아리에 담긴 것이 술이었던 모양이다. 이 그림은 조선시대 궁중 행사 장면을 그린 기록화 중에서 참석자가 술에 취해 비틀거리는 모습을 담은 것으로 유일하다. 이날 도대체 무슨 일이 있었던 것일까?

왕이 내린 술을 무릎 꿇고 받다

행사가 열린 때는 1534년(중종 29) 음력 10월 6일로, 《중종실록》에서는 그날 이야기를 다음과 같이 기록했다. "중종이 승정원承政院(조선시대에 왕명의 전달을 맡아보던 관청)에 '오늘 서연관書筵官에게 잔치를 베푼 뒤에 당상관에겐 반숙마半熟馬(웬만큼 길든 말) 1필씩, 당하관에겐 아마兒馬(길들지 않은 작은 말) 1필씩을 내리라'고 명령했다."

이 그림의 제목은 〈중묘조서연관사연도中廟朝書筵官賜宴圖〉다. '중묘조'는 중종 연간을 의미하며, '서연관'은 왕세자의 교육을 담당하는 관리를 가리킨다. 그림에서 분홍색과 붉은색 관복을 입은 사람들이 바로 서연관으로, 당시 이들이 교육한 왕세자는 훗날 중종에 이어 즉위한 인종(1515~1545, 재위 1544~1545)이었다. '사연'은 임금이 신하에게 베푸는 잔치를 이르는 말이다. 화원들로 하여금 사진을 찍듯 행사 장면을 정밀하게 그리도록 해, 자리에 참석한 서연관들은 이날의 기록화를 한 점씩 나누어 가질 수 있었다.

화첩의 다른 면에는 참석자의 이름과 직책, 그리고 왕세자를 교육할 때 담당했던 업무를 기록한 좌목座目이 있다. 좌목에 적힌 참석자는 39명으로, 이들 모두가 잔치에 참석하진 않았던 모양이다. 그림에는 분홍색 관복을 입은 서연관 18명과 붉은색 관복을 입은 서연관 11명만 등장하기 때문이다. 이때 관복의 색은 무엇을 의미할까? 조선 초기에 당상관은 분홍색 관복을, 당하관은 붉은색 관복을 입었다. 당상관은 품계가 정3품 상上 이상의 벼슬아치로, 이들은 조정에서 공식적인 회의가 있을 때 다리가 긴 의자인 교의交椅에 앉을 수 있었다. 그래서 당상관이란 이름이 생겼다. 이에 비해 당하관은 교의에 앉을 수 없는 벼슬아치로, 정3품 하下 이하의 품계를 가진 관리를 통틀어 이른다.

당상관과 당하관을 가리지 않고 참석자들 앞에는 개인별로 작은 상이 하나씩 놓였다. 그런데 당상관 무리 중 한 사람이 무릎을 꿇고 붉은색의 관복을 입은 사람으로부터 무언가를 받고 있다.❶ 붉은 옷을 입은 관리는 궁중에서 쓰이는 술을 담당하는 관아인 사온서司醞署의 당하관 벼슬아치로, '선온宣醞'이라는 술을 내리고 있을 것이다. 임금이 내리는 술은 선온이라는 별도의 이름이 있었으며, 이는 사온서에서 담당해 마련했다. 사온서는 임진왜란 이후 이름이 '주방酒房'으로 바뀌었지만 술뿐만 아니라 임금이 신하에게 내려주는 음식도 장만하는 곳이었다. 신하들은 선온을 받거나 마실 때, 누가 가지고 왔든지 상관없이 마치 임금이 직접 내리고 있다고 여기며 예의를 갖추었다.

❶

경복궁 근정전 앞마당에서 열린 행사

중종이 서연관들에게 베푼 잔치는 경복궁 근정전勤政殿 앞마당에서 열렸다. 근정전은 임금의 즉위식이나 임금이 몸소 주관하는 중요 행사를 거행하는 곳이었다. 그림의 가장 위쪽에 우뚝 솟은 전각이 근정전이다.❷ 근정전 뒤에 그려진 산은 한양도성의 주산인 백악산白岳山, 곧 지금의 북악산北岳山이다. 화강암으로 이루어진 백악산의 면모가 생생하게 묘사되어 있다.

그런데 오늘날 볼 수 있는 근정전과 그림의 모습은 약간 다르다. 그림 속 근정전은 1395년(태조 4)에 지어진 건물로, 1592년 임진왜란 때 불타서 사라졌다. 지금의 근정전은 1867년(고종 4)에 흥선대원군 이하응李昰應(1820~1898)의 주관으로 다시 지은 것이다. 따라서 〈중묘조서연관사연도〉는 임진왜란 이전의 근정전 모습을 담고 있는 유일한 그림이기도 하다. 또한 앞마당에 온통 박석이 깔린 지금의 근정전과 달리, 그림에서는 가운데에 놓인 어도 외에는 모두 맨바닥이다.

❷

다시 그림 속 인물들을 살펴보자. 서연관들이 앉은 자리 옆에는 춤을 추는 두 사람이 보인다.❸ 이들은 각각 흰색과 붉은색 저고리 위에 노란색의 배자褙子, 곧 지금의 조끼와 비슷한 덧옷을 입고 있다. 저고리의 소매가 일반 저고리와 달리 매우 길어 손을 덮고도 남는다. 아마도 춤사위가 훨씬 크게 보였을 것이다. 이 두 사람 오른쪽에도 같은 옷차림을 한 여섯 명이 맨바닥에 앉아 있다.

이들은 모두 여성이다. 조선시대 왕실에서 '여기女妓' 혹은 '기녀妓女'라고 불렸던 관비 대다수는 의녀醫女가 겸직했다. 중종의 배다른 형님인 연산군이 1504년 음력 6월 13일 왕실의 큰 잔치인 진연進宴을 개최했는데, 이때 의녀 중 80명을 뽑아서 여기의 옷을 입혀 어전御前의 섬돌에 앉히라고 명령하면서 의녀의 여기 겸직이 생겨난 것이다. 한편 의녀는 상근하여 급료의 전액을 받는 일종의 정규직 '전체아全遞兒'와 특별한 일이 있을 때만 입궐하여 급료의 절반을 받는 비정규직 '반체아半遞兒'가 있었다. 반체아만 여기를 겸직할 수 있었다. 드라마로 이름이 널리 알려진 의녀 대장금은 이 잔치가 열리기 전인 1524년(중종 19) 음력 12월 15일

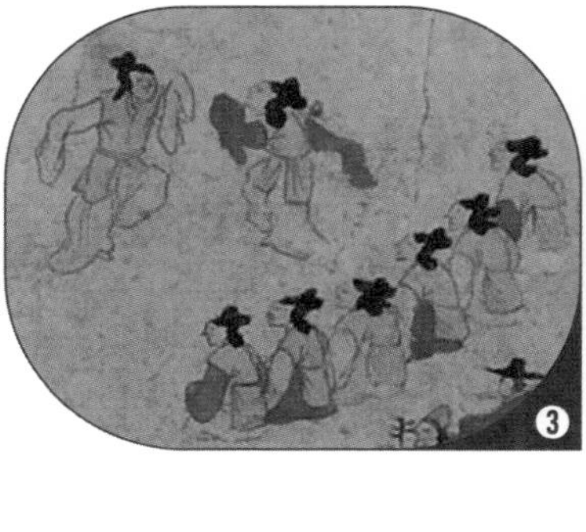

에 중종으로부터 의료 실력을 인정받아 전체아가 되었다.

춤이 있으니 당연히 음악도 있었다. 여섯 명의 여기 뒤에서 붉은색 옷을 입은 사람들이 악기를 연주하고 있다.❹ 가장 오른쪽에 앉아 대금을 연주하는 이는 옆 사람들과 달리 검은색 갓을 쓰고 있다. 이는 왕실의 음악을 담당하는 장악원掌樂院에서 악공과 악생 들의 우두머리 역할을 했던 악사樂師로 여겨진다. 그 옆에 앉은 네 사람은 악공으로, 머리에 두건을 둘렀다. 오른쪽에서부터 첫 번째와 세 번째 악공이 들고 있는 악기는 비파, 네 번째는 거문고나 가야금으로 보인다. 왕이 베푼 잔치이지만 직접 참석하지 않았으므로 음악과 춤은 비교적 간소하게 마련되었던 듯하다.

'원샷'으로 마시다
졸지에 술 취한 당하관 세 사람

이 잔치에서 주목해야 할 것은 술이다. 술은 어도의 왼쪽, 다리가 높은 붉은색 탁자에 놓인 두 개의 백자 항아리에 담겨 있다.❺

❺

이 탁자는 술 항아리를 올려놓는다고 하여 '주탁酒卓'이라고 불렸다. 주탁 주위에는 사옹원司饔院(궁중의 음식에 관한 일을 맡아보던 관아)의 당하관 한 명과 구실아치 두 명이 술을 따를 준비를 하고 있다.

이쯤에서 서연관들이 앉은 자리를 한번 자세히 살펴보아야 한다.❻ 흰색 천막 아래에 세 사람이 앉았다. 이들을 기준으로 하여 서쪽에 네 사람이, 동쪽에 세 사람이 앉았고, 동쪽 끄트머리에 앉아 있었을 당상관이 중종이 내린 술을 받기 위해 무릎을 꿇었다. 이렇듯 조선시대 왕실과 사대부 잔치의 좌석 배치에는 반드시 따라야 할 규칙이 있었다.

기준은 참석자의 등이 향하는 방향이다. 북으로 향하여 앉는 자리를 북벽北壁이라고 불렀는데, 이 자리가 가장 서열이 높은 좌석이다. 그다음은 동벽東壁, 서벽西壁, 남벽南壁의 순서다. 즉 여러 사람이 둘러앉았을 때 서열이 가장 높은 사람이 북벽, 다음이 동벽, 다음이 서벽, 다시 동벽과 서벽의 순서로 앉는다. 따라서 지금 무릎을 꿇고 술을 받는 당상관은 참석자 중 열 번째 서열에 해당했을 것이다. 이 도첩에 있는 참석자 목록에 따르면, 당시 승

정원 부승지副承旨이면서 경연청經筵廳 참찬관參贊官 및 춘추관春秋館 수찬관修撰官을 겸임했던 김희열金希說로 짐작된다.

술에 취해 일찍 자리를 뜨고 있는 관리는 당하관 세 사람이다.❼, ❽ 이 잔치에서는 모든 참석자에게 각각 술잔이 제공되지 않았다. 왕이 내린 술이니 하나의 술잔이 상급자에서부터 돌고 돌았고, 술잔을 받은 사람은 '원샷'을 할 수밖에 없었다. 그러니 술에 약한 참석자는 금방 술기운이 올라서 자리에 앉아 있을 수조차 없었던 모양이다.

중종이 내린 술은?

중종이 도대체 무슨 술을 내렸기에 취해서 비틀거리는 사람이 셋이나 되었을까? 그것도 당하관의 젊은 관료들이 말이다. 조선시대 사람들은 주로 탁주(막걸리)와 청주, 그리고 증류주인 소주를 마셨다. 청주를 증류해 만드는 소주는 특히 부유함을 과시할 수 있는 좋은 매개물인 데다가 마셨을 때의 느낌이 대단했다. 얼마나 술맛이 좋았으면 고려 후기의 이색李穡(1328~1396)이 "반 잔 술 겨우 넘기자마자 훈기가 뼛속까지 퍼지니, 표범 가죽 보료 위에 앉아 금으로 만든 병풍에 기댄 기분이네"라고 시를 읊었을까.

그런데 소주에도 종류가 많았다. 그중에서도 홍소주紅燒酒는 왕의 의약을 책임진 내의원에서 직접 만들었던 왕실 비장의 술이었다. 허준許浚(1539~1615)은 《동의보감東醫寶鑑》에 "소주를 달일 때 먼저 자초紫草를 얇게 썰어 항아리에 넣는다. 소주 한 병에 자초 5돈이나 7돈을 기준으로 한다. 뜨거운 소주를 자초를 넣은 항아리에 붓고 오래 두면 먹음직스러운 선홍색이 된다"라고 홍소주 만드는 방법을 적어놓았다. 자초는 지칫과의 여러해살이풀로, 소주를 만들 땐 자초의 뿌리를 말려 사용했다. 자초는 위를 튼튼하게 해주고 해독의 효과도 있다고 전한다.

귀한 홍소주는 명나라 사신에게 선물하거나, 그림의 행사처럼 임금이 베푼 잔치에서 술을 내릴 때 간혹 쓰였다. 중종은 왕세자가 중국 역사서 《춘추春秋》 공부를 마무리하자 서연관들을 모아서 잔치를 베풀었다. 일찍이 중종은 왕세자가 만 2세 때, 보통 아이들이 노는 것을 좋아하는 것과 달리 글을 좋아하며 《천자문千字文》과 《유합類合》을 모두 기억한다고 칭찬을 아끼지 않았다. 그렇게 총명한 왕세자가 이번에는 《춘추》를 마무리했으니, 기쁜 마음에 서연관에게 홍소주를 내리지 않았을까?

하지만 아무리 건강에 좋은 홍소주라고 해도 알코올 도수가

40도를 훨씬 넘는 술을 '원샷'으로 연거푸 마시면 취기가 빨리 올라올 수밖에 없다. 경복궁 근정전 앞마당에서 난생처음 이 독주를 마신 젊은 당하관 세 사람은 선배들이 자리를 지키고 있음에도 불구하고, 하인의 부축을 받으면서 귀갓길을 서두른 것이다. 다행히 조선 초중반만 해도 술에 관한 한 관직의 높낮이를 가리지 않고 너그러웠다.

한편 오늘날 전라남도 무형문화재 제26호인 '진도 홍주'가 이 조선시대의 홍소주와 비슷하다. 요사이 지역 특산물을 홍보하면서 조선시대 임금에게 올린 진상품이었다고 강조하곤 하는데, 이는 대부분 근거 없는 마케팅이다. 그림 속 홍소주 역시 임금에게 진상품으로 바친 진도 홍주일 가능성은 없다. 《조선왕조실록》을 비롯한 조선 고문헌 어디에서도 진도 홍주가 진상품으로 올랐다는 기록은 아직 발견된 바가 없다. 대동법이 실시되기 이전까지 지역마다 토산품을 왕실에 올리긴 했으나, 이는 일종의 세금이었지 특별히 맛이 좋아 올린 물품은 아니었다.

술은 권력

문제는 소주를 만들 때 엄청나게 많은 밀과 쌀이 사용된다는 점이다. 조선 성종(1457~1494, 재위 1469~1494) 때에는 나라의 살림살이가 넉넉해지며 왕실과 지배층의 사치가 날로 심해졌다. 1490년 음력 4월 10일, 사간司諫 조효동趙孝同이 성종에게 이런 의견을 올렸다. "세종조에는 사대부 집에서 소주를 드물게 썼는데 지금은 보통 연회에서도 모두 쓰므로 낭비가 막심하니, 청컨대 모두 금지하도록 하소서." 하지만 다른 신하들의 반대로 조효동의 청원은 받아들여지지 않았다. 탁주, 청주와 함께 소주가 부유층 사이에서 매우 유행했음을 짐작할 수 있다.

중종 연간에도 비슷한 일이 있었다. 1524년 음력 8월 1일 남곤南袞(1471~1527)은 중종에게 소주 소비가 너무 과하여 곡식이 부족하다며 근래의 폐해를 아뢰었다. 선배가 갓 관직에 들어온 신참들에게 비싼 소주를 사오라고 강요하는 바람에 가산을 파는 관리도 있고, 관청에서는 손님을 접대한다며 마치 물 쓰듯 소주를 소비해 일반 가정에서도 이런 풍조를 따른다는 것이다.

하지만 중종은 사치스러운 연회를 금하면 되지 않겠냐는 소극적인 태도로, 곡물 부족의 문제를 해결하기 위해 소주를 금지하자는 근본 대책에는 동의하지 않았다. 소주 애호가들 대부분이 권력을 손에 쥔 사대부들이니, 중종은 그들의 비위를 건드려 곤란해지고 싶지 않았던 듯하다. 알다시피 중종은 연산군을 폐위하고 왕위에 오른 임금이었다. 그것도 자신이 주도한 반정이 아니라 사대부들의 계획에 숟가락만 올렸을 뿐이다. 그러니 식량이 부족한 상황에서도 소주 금지령을 내리지 않았을 가능성이 커 보인다. 이처럼 술은 사람들에게 즐거움을 주기도 했지만, 백성들의 밥그릇을 비게 만드는 원인이기도 했다. 그래서 조선시대에 술은 곧 권력이었다.

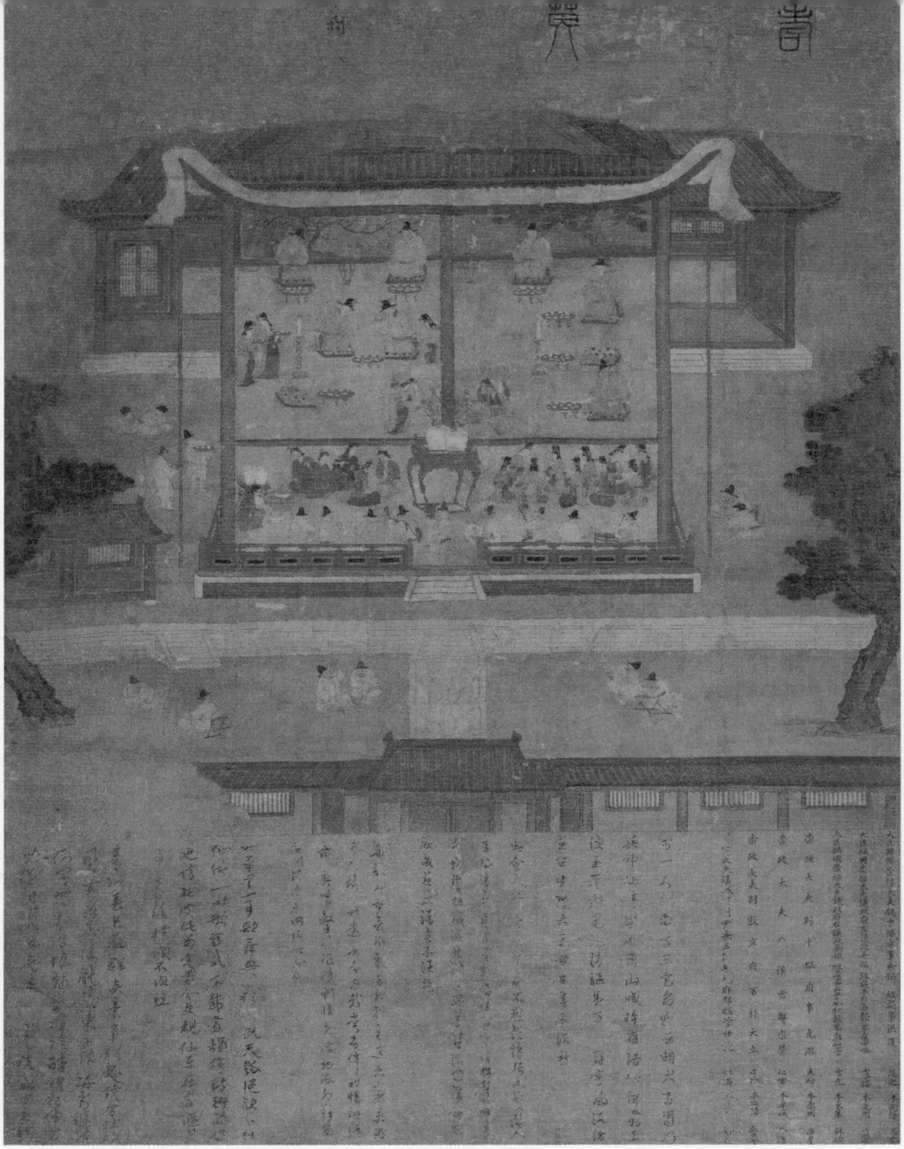

〈**기영회도**耆英會圖〉

작자 미상, 16세기 후반, 163×128.5cm, 국립중앙박물관 소장.

02

기영회에서 마신 데운 술

기와를 올린 지붕의 처마도리(기둥이나 벽체 위에 건너질러 서까래를 받는 도리)에는 흰 무명천이 말려 있다. 아마도 그림을 그린 화가가 실내의 모습을 자세히 보여주기 위해 본래 펼쳐진 무명천을 감아올린 것으로 표현했을 테다. 실내로 시선을 옮기면 사모관대를 차려입은 관리 7명, 식기가 차려진 붉은 옻소반 10개와 표범 가죽으로 만든 듯한 방석 8개, 관리들에게 음식을 나르고 있는 여성 3명과 춤을 추는 여성 2명이 보인다.

좀 더 아래쪽으로 시선을 옮겨보자. 계단이 놓인 난간 안쪽에는 9명의 남성이 각자 악기를 들고 연주하고 있다. 중앙에는 꽃을 꽂은 백자 화병이 탁자 위에 놓여 있고, 그 오른쪽에는 10명의 무희가, 왼쪽에는 6명의 여성이 앉아 있다. 맨 왼쪽에는 흰색의 항아리 두 개와 화로가 보이는데, 한 여인이 화로 위에 주전자를 데우고 있다. 이 주전자에는 무엇이 들었을까?

70세가 넘은 정2품 이상 관료들이 모이다

이 그림은 족자에 담겨 있다. 맨 윗부분에는 전서체篆書體(고대의 한자 서체 중 하나로, 전각에 전서체로 글을 새기는 경우가 많았다)로 쓰인 '기영耆英'이란 두 글자가 뚜렷하게 보이고, 그다음 글자는 알아볼 수 없으나 '회도會圖'로 추정된다. 곧 이 족자의 제목은 〈기영회도耆英會圖〉이다. '기영'은 나이가 많고 학덕이 있으며 벼슬이 높은 사람을 가리키는 말이다. 특히 조선시대에는 대개 벼슬이 2품 이상이며 70세가 넘은 사람이나, 당상관으로서 80세 이상인 사람을 일컬었다. 따라서 실내에 앉은 7명의 관료는 기영에 든 사람으로 이 행사의 주인공들이다.

그렇다면 그들은 누구일까? 족자의 하단에는 참석자의 직책, 직급과 이름을 적은 좌목座目이 있다. 오른쪽부터 영의정 홍섬洪暹(1504~1585), 좌의정 노수신盧守愼(1515~1590), 우의정 정유길鄭惟吉(1515~1588), 판중추부사 원혼元混(1505~1597), 팔계군八溪君(경상남도 합천의 옛 지명인 팔계를 붙여 내린 봉작) 정종영鄭宗榮(1513~1589), 판돈녕부사 박대립朴大立(1512~1584), 한성판윤 임열任說(1510~1591) 등이 적혔다.

조선시대 좌석 배치의 규칙을 근거로 삼으면 등을 북쪽으로 향해 앉은 세 사람 중 가운데가 홍섬, 오른쪽이 노수신, 왼쪽이 정유길이었을 것이다.❶ 우측 가장 북쪽에 원혼, 그 맞은편에서 손을 내밀고 있는 이가 정종영, 자리를 떠나 술잔을 양손으로 받

는 사람이 박대립, 그리고 우측 가장 남쪽에 앉은 사람이 임열로 여겨진다. 좌목에 따르면 기영에 들어 참석한 사람이 7명이지만, 소반과 표범 가죽 방석은 모두 8개씩 놓여 있다.

이와 같이 원로 관료들을 위해서 마련된 잔치를 당시 사람들은 '기영회耆英會' 혹은 '기로연耆老宴'이라고 불렀다. 이 행사를 주관한 관청은 '기로소耆老所'였다. 지금의 서울 광화문 광장의 동서쪽에는 당시 나랏일을 맡아보던 중앙관청인 육조六曹, 곧 이조吏曹(문인 관료의 선임과 인사를 맡아보던 관아), 호조戶曹(인구, 세금, 재정 등을 맡아보던 관아), 예조禮曹(예악, 제사, 연향, 학교, 과거 따위의 일을 맡아보던 관아), 병조兵曹(군사와 우편을 맡아보던 관아), 형조刑曹(법률, 소송, 감옥, 노예 따위의 일을 맡아보던 관아), 공조工曹(토목, 건축, 도자기 생산 따위를 맡아보던 관아)의 건물이 자리 잡고 있었는데, 동쪽의 가장 아래쪽, 곧 지금의 교보빌딩 자리에 기로소가 있었다.

기로소는 고위 관직을 지냈거나 현직에 있는 원로들을 예우하는 업무를 맡았다. 기로소에는 원칙적으로 나이 70세 이상의 정2품 이상 관직을 지낸 문과 출신 관원이 들어갈 수 있었다. 요사이에야 70세의 나이에 이른 사람이 적지 않지만, 조선시대만 해도 이만큼 장수하는 것은 매우 드문 일이었다. 더욱이 그 나이에 정승을 지냈던 홍섬, 노수신, 정유길은 기로소에 들어간 것을 대단한 명예로 여겼을 테다. 그런데 이 족자에는 기영회가 열린 시기를 알려주는 기록이 없다. 다만 판돈녕부사 박대립이 세상을 떠난 때가 1584년 음력 9월이니, 이 기영회는 그 이전에 열렸을 가능성이 크다. 기영회는 매년 음력 3월 3일 삼짇날과 음력 9월 9일 중양절重陽節에 개최되었으므로, 이 그림의 잔치는 늦어도 1584년 삼짇날에 열렸을 것으로 추측된다.

각자 차례로 술잔을 전하여 마시며, 반드시 취한 다음에야 끝낸다

기영회나 기로연은 1475년(성종 6)부터 기로소의 각종 제도가 정비되면서 공식적으로 거행되었다. 조선 초기의 학자 성현成俔(1439~1504)은 《용재총화慵齋叢話》 9권에서 기로연과 기영회의 잔치 과정을 설명하고 있는데, 직접 관람한 것처럼 묘사가 자세하고 생생하다. 성현의 글을 한번 읽어보자.

> 조정에서는 3월 삼짇날과 9월 중양절마다 보제루普濟樓(지금의 서울 종로구 명륜1가에 있었던 홍덕사의 누각으로 추정)에서 기로연을, 훈련원訓鍊院(지금의 서울 을지로 5가 근처에 위치했던 군사의 훈련과 교

습을 맡아보던 기관)에서 기영회를 열어주었다. 임금은 기로연과 기영회에 모두 술과 음악을 내렸다. 기로연에는 전직 당상이 참석하고, 기영회에는 70세가 된 2품 이상의 종재宗宰(왕의 종친으로서 재상의 품계에 해당하는 사람)와 정1품 이상의 경연經筵 당상이 참석한다. 예조판서는 잔치의 모든 일을 살피고 감독한다. 승지承旨 역시 명을 받든다. 편을 나누어 투호를 하는데, 진 사람은 이긴 사람에게 술잔을 올리고, 이긴 사람은 읍揖(인사 예법의 하나로, 두 손을 맞잡아 얼굴 앞으로 들어 올리고 허리를 앞으로 공손히 구부린다)하고 서서 술을 마신다. 음악을 연주하고 음식을 권한다. 각자 차례로 술잔을 전하여 마시며, 반드시 취한 다음에야 끝낸다. 날이 저물면 서로 부축하여 나온다. 이 모임에 참석한 사람들은 누구나 영예로 여겼다.

이 정도면 《기영회도》의 장면을 충분히 이해하고 남는다. 성현이 쓴 글에 나오는 것처럼 이날 기영회는 훈련원에서 개최되었을 것으로 여겨진다. 앞에서 의문을 남겼던 빈자리에는 종재가 앉아 있지 않았을까? 어찌 된 일인지 종재는 자리를 비웠고, 좌목에

2

3

이름이 오른 7명만이 자리를 지키고 있다. 오른쪽 마당에 엎드려 있는 분홍색 관복을 입은 사람은 종재와 함께 온 경연 당상이고, 그 옆 사람은 행사의 실무를 맡았던 승지로 짐작된다.❷ 아래쪽 마당에 보이는 이들은 기영회 참석자를 수행하는 하인이고,❸ 왼쪽 마당에 엎드려 앉은 두 사람 역시 영의정을 수행하는 하급 관리일 가능성이 크다.❹

임금이 음악을 내려주었으므로 악기를 들고 있는 9명은 장악원의 악사와 악공이다.❺ 연주를 총감독하는 악사가 가운데 앉아서 박을 연주하고 있고, 악사들이 그의 오른쪽에서 북, 해금, 장구를, 왼쪽에서 당비파와 대금을 연주 중이다. 무희들은 음악이

바뀔 때마다 두 명씩 나가서 춤을 춘다. 무희가 모두 12명인 것으로 보아 여섯 차례의 춤이 연행되었을 것이다.

선조가 내린 술의 정체는?

그렇다면 선조는 이들에게 어떤 술을 내렸을까? 관련 기록이 남아 있지 않으니 정확히 파악할 길이 없다. 다만 화로 위에 놓인 주전자를 통해 이들이 마신 술의 정체를 짐작할 수 있다.❻ 큰 화로에서는 숯이 붉게 타고 있다. 두 개의 쇠막대를 가로질러 놓고 그 위에 흰색의 자기 그릇을, 다시 그 위에 주전자를 올려놓았다. 아마도 자기 그릇에는 물이 담겨 있을 것이다. 주전자에는 백자 항아리에서 옮겨 부은 술이 담겨 있고, 그것을 데우는 중이다.

기영회의 주인공들이 앉아 있는 실내로 다시 눈을 돌려보면 좌우에 촛대가 하나씩 놓였고 불도 켜져 있다.❼ 따라서 행사가 열린 시간은 해가 진 다음이 아닐까 여겨진다. 보통 음력 3월 3일

은 양력으로 4월경이다. 봄은 왔어도 저녁에는 아직 한기가 느껴지는 계절이다. 그래서 술을 데운 것이 아닐까? 술을 데우는 데 사용하는 화로를 '주로酒爐'라고도 불렀다. 데워 마시는 술은 보통 탁주나 청주였는데, 임금이 내린 술이니 탁주보다 고급술인 청주였을 것이다.

조선시대에 누룩으로 빚은 곡주는 제조법에 따라 단양주單釀酒, 이양주二釀酒, 삼양주三釀酒가 있었다. 단양주는 한 번만 발효시킨 술로 탁주(막걸리)가 대표적이다. 이양주는 단양주를 빚어 며칠 발효시킨 다음 여기에 다시 곡물과 누룩, 물을 부어 빚는다. 조선시대 요리책에 나오는 대부분의 청주는 이양주로, 진한 단맛이 특징이다. 삼양주는 이양주에 다시 곡물과 누룩, 물을 부어 발효시킨 술이다. 삼양주는 색이 매우 맑고 달지 않으면서도 맛이 진하며, 깊은 향을 지니고 있다. 그래서 왕실이나 서울의 부유층에서 즐겨 마셨던 최고급 청주는 삼양주 계통이었다.

따라서 기영회에서 마신 술은 임금이 내린 것이니 삼양주 계통의 청주였을 것이다. 그림의 기영회가 열린 때보다 약 40여 년 앞서 김유가 집필한 《수운잡방》의 상권 〈탁청공유묵〉에는 삼해주三亥酒, 벽향주碧香酒, 소국주小麴酒, 별주別酒, 두강주杜康酒, 삼오주三午酒 등 9가지 삼양주 제조법이 나온다. 그중에서도 삼해주 제조법을 가장 먼저 적어놓았다. 아마도 그 맛이 제일 좋았기 때문은 아닐까? 장계향張桂香이 집필한 현존 최고最古의 한글 요리책 《음식디미방》에는 삼해주 제조법이 네 가지나 나온다. 그중에서 한 가지만 주재료가 찹쌀이고, 나머지 세 가지는 백미, 곧 멥쌀이다. 다만 찹쌀 풀을 넣는 삼해주 제조법에는 밀가루를 별도로 넣지 않는다고 적었다. 아마도 찹쌀 풀이 멥쌀과 밀가루를 더한 효과가 있기 때문이 아닌가 여겨진다. 잘 익은 삼해주를 한 잔 마시면 깨끗하면서도 진한 향이 입안을 가득 채운다. 그만큼 삼해주는 당시 제일가는 고급술이었다.

왜 술을 데웠을까?

술이 있으면 당연히 안주도 필요하다. 그림 속에는 붉은 소반 위에 10개의 식기가 놓여 있다.❽ 조선시대에 사용한 식기로는 밥을 담는 놋그릇인 주발周鉢이나 사기그릇인 사발沙鉢, 국을 담는 대접大楪, 간장이나 겨자를 담는 종지鍾子, 국물이 있는 음식을 담는 보시기甫兒, 그리고 마른 음식을 담는 접시貼是 등이 있었다. 그림 속 식기는 보시기와 접시로 보이고 소반 위를 자세히 보면 젓가락도 그려져 있다. 당연히 숟가락도 있었겠지만, 화가가 그것까지 그리기는 쉽지 않았던 듯하다.

숟가락이 그려져 있지 않듯이, 그림만으로는 식기에 담긴 안주가 무엇인지 알 수 없다. 다만 해가 진 저녁까지 열린 잔치에서 술뿐만 아니라 소반에 차려진 음식들도 금세 식어 차가워졌을 테다. 왼쪽 마당에서 쟁반에 음식을 나르는 남성 하인들은 소반 위의 식어버린 음식을 데운 음식으로 바꾸려는 것이 아닐까?❾ 데

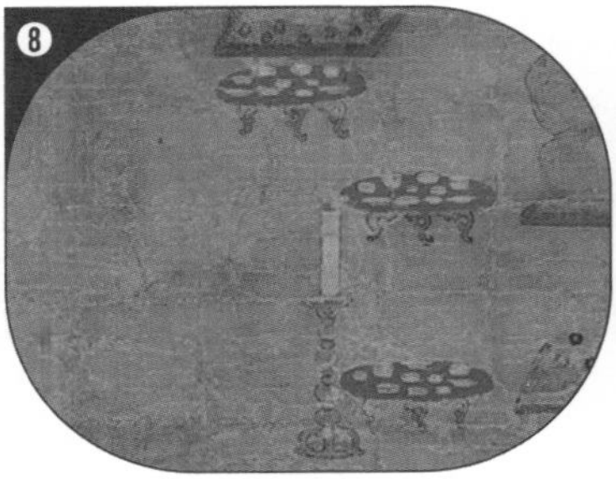

운 음식을 일일이 옮기고 있다면 술은 아예 참석자들 가까이에서 데우고 있다.

술을 담은 주전자를 끓는 물에 담가두면 간접적으로 열이 가해져 술이 데워진다. 이렇게 중탕한 술은 '온주溫酒'라고 했다. 그림과 비슷한 시기에 태어나 활동했던 장유張維(1587~1638)는 한겨울에 추위를 녹여주는 유일한 것으로 술을 꼽았다. 하지만 술을 차게 마시면 그 효과를 온전히 거둘 수 없다고 보았다. 그래서 그는 주로에 데운 술이 추위를 이기는 데 가장 좋다고 했다.

이처럼 조선시대 주당들은 날씨가 추울 때 데운 술을 즐겨 마셨다. 연로한 사람이 데운 술을 마시면 몸에 온기가 돌아 얼굴빛이 환하게 밝아졌다. 그뿐만 아니라 잘 익은 청주라도 냉장고가 없던 시절에는 쉽게 쉬기 마련이었다. 이때 청주를 중탕으로 데워두면 높은 기온에서도 쉽게 쉬지 않는다. 그래서 기영회에는 데운 술을 마련했을 것이다.

1970년대 후반, 가정마다 냉장고가 자리 잡기 시작하면서 한국의 애주가들은 차가운 술을 즐기기 시작했다. 맥주야 시원한 맛이 중요하지만, 탁주나 청주, 심지어 희석식 소주와 증류식 소주마저도 차갑게 마시기를 당연하게 여긴다. 하지만 조선시대 주당들은 가능하면 데운 술을 마셨다. 그러면 술의 향도 느낄 수 있고, 몸도 따뜻하게 해주어 약의 기능도 했다. 이러한 이유로 술을 '약주藥酒'라고 불렀던 것은 아닐까?

〈선묘조제재경수연도宣廟朝諸宰慶壽宴圖〉의 제2폭

작자 미상, 《의령남씨전가경완도宜寧南氏傳家敬翫圖》, 1605년(18세기 모사본), 34×125.4cm, 고려대학교박물관 소장.

03

102세 노모 경수연에 남성 궁중 요리사가 나선 이유

꽃이 만발하는 1605년(선조 38) 음력 4월, 한양 장흥동長興洞(지금의 회현동)에 있는 가장 좋은 집에서 큰 잔치가 벌어졌다. 종2품 이상의 관리만 탈 수 있던 외바퀴 수레 초헌軺軒이 먼저 도착했고, 말들은 대문 밖 수양버들 주위에서 가쁜 숨을 몰아쉬고 있다. 부인들이 탄 가마들도 대문 앞에 속속 당도한다. 잔치에 온 손님이 얼마나 많던지 바깥마당에 모인 축하객과 하인만 해도 수십 명에 이른다.(제1폭)

잔치가 열리는 본채에 들어가지 못한 축하객들은 무명으로 만든 큰 차일遮日 아래에서 각자 하나씩 소반을 받고 앉아 있다. 나인이 참석자들에게 술을 올리고 있고, 왼쪽 끄트머리에는 술이 담겨 있을 흰색 항아리가 보인다. 차일 너머의 안채 뜰에는 짚으로 지붕을 이은 임시 가옥이 설치되었다. 안을 들여다보니 하인들이 십여 개의 붉은 소반에 음식을 차리고 있다. 그 바깥에는 다

오른쪽 상단부터 왼쪽 하단까지 순서대로
〈선묘조제재경수연도〉의 제1폭~제5폭.

리가 높은 탁자에 도마와 크고 작은 솥이 다섯 개나 놓여 있다. 요리사로 보이는 사람들이 분주하게 음식을 만들고 있다.(제2폭)

다른 쪽 마당에는 훨씬 큰 공간이 마련되었다. 참석자들과 악공·무희의 공간을 구분하기 위해 흰 종이만 붙인 소병素屛이 사방으로 쳐졌다. 동쪽에는 7명, 서쪽에는 6명의 관리가 지화紙花로 장식한 관모를 쓰고, 각각 분홍색과 붉은색의 관복을 입고 자리를 잡았다. 남쪽에도 8명의 관리가 4명씩 동서로 나누어 앉았다.(제3폭)

건물과 건물 사이의 마당에도 관복을 입은 여러 명의 참석자가 각자 소반 하나씩을 받고 앉아 있다. 나인들은 술잔을 올리느라 바쁘다. 여기서도 무희가 춤을 추고 있다.(제4폭)

대청마루에는 초록색 저고리를 입은 부인 두 사람이 북벽에 앉아 있다. 아마도 그 주위에 앉아 있는 여성들은 시중을 들기 위해 온 부인들일 테다. 동벽과 서벽에도 8명의 부인들이 한 줄씩 마주 보고 앉았다. 부인들을 향해 분홍색 관복을 입은 남성이 무릎을 꿇고 술잔을 올리는 중이다. 대청마루 마당에서는 두 명의 남성이 춤을 추고 있다.(제5폭)

앞서 본 총 5폭 그림의 제목은 〈선묘조제재경수연도宣廟朝諸宰慶壽宴圖〉로, '선묘조'는 조선 제14대 왕 선조 때를 뜻하고, '제재'는 여러 재상을 이르며, '경수연'은 장수를 축하하는 잔치를 뜻하는 말이다. 어떤 사연이 있기에 이렇게 큰 잔치가 열렸을까?

100세 부인이 살아 계시니 나라의 경사로다

7년에 걸친 임진왜란이 1598년 겨울에야 끝나고, 그로부터 3여 년이 지난 1602년 가을, 승정원에서는 예조참의 이거李蘧(1532~1608)의 집에 99세의 노모 채씨가 있다고 선조에게 알렸다. 전쟁의 참혹함 속에서도 노모가 살아 있다는 보고를 들은 선조는 나라에 좋은 징조라고 여겨 매우 기뻐하면서 선물을 내리라고 했다. 그리고 이듬해인 1603년 음력 1월에 "이거의 어머니가 올해 100세가 되었다"라고 하면서 앞으로 "정기적으로 식량과 음식을 제공하고 그 아들에게 작위를 더하여 포상하라"라는 지시를 내렸다.

같은 해 음력 9월, 선조는 채씨의 100세 생일을 앞두고 오로지 그를 기쁘게 해주기 위해 이거를 형조참판에 임명하고, 이미 사망한 이거의 아버지에게도 이조참판을 추증追贈하여 채씨 부인을 정부인貞夫人으로 칭하도록 했다. 이거는 같은 달 어머니 채씨의 생신날에 벼슬이 높은 관리들을 십수 명 초청하여 큰 잔치를 열었다.

잔치에 참석하지는 않았지만 귀가 닳도록 후문을 들은 허목許穆(1595~1682)은 이날의 모습을 다음과 같이 기록했다. "여러 공경公卿과 백관百官의 장長들이 모여 경사를 지켜보았고, 서울에서는 이를 두고 '어머니는 아들 덕에 귀해지고 아들은 어머니 덕에 귀해졌으니, 장수한 어머니는 즐거워하고 그의 아들은 공백公伯(높은 벼슬에 오름)이로다'라고 노래했다."

이 일이 계기가 되어 1605년 음력 4월 초순 이종李倧(훗날의 인조)의 장인인 한준겸韓浚謙은 70세가 넘은 어머니를 모시고 있는 재상들과 함께 봉로계奉老契를 만들었다. 이들은 "우리는 각자 노모를 모시고 있으니, 백세부인百歲夫人(이거의 어머니 채씨를 가리킴)을 모시고 함께 헌수獻壽하는 것이 마땅하다"라는 데 의견을 모으고, 같은 달 경수연을 개최하기로 한다. 당시 재상 중에 노모를 봉양하고 있는 이들은 강신姜紳, 강인姜絪, 강담姜紞, 박동량朴東亮, 윤돈尹暾, 한준겸, 홍이상洪履祥, 남이신南以信, 민중남閔中男, 윤수민尹壽民, 권형權詗, 이원李蓮, 이거 등 13명이었다. 봉로계원 중 간신·강인·강담과 이원·이거는 각각 형제였으므로, 이들이 모시고 온 대부인은 10명이었다.

봉로계가 주축이 되어 경수연을 연다는 이야기를 들은 선조는 전국에 특명을 내려 잔치에 필요한 물품과 경비의 준비를 돕게 했다. 또 전쟁이 끝난 지 얼마 되지 않은 때라 나라에 풍악을 울릴 수 없었음에도, 선조는 노모들이 언제 돌아가실지 모르니 궁중의 악공들을 동원하여 음악을 연주하도록 특별히 허락해주었다. 경수연은 일정한 규칙하에 진행되었다. 진시辰時(오전 7~9시)에 모두 모일 것, 계원들은 수레에 태워 모시고 올 것, 자제들은 새벽에 모일 것 등이다.

제5폭에서 북벽에 앉은 두 부인 중 오른쪽이 102세로 가장 연세가 높은 이거의 어머니 채씨이고, 왼쪽이 강신의 어머니인 83세의 정경부인貞敬夫人이다.❶ 두 부인이 외명부外命婦에서 품계가 가

장 높았기 때문이다. 그 아래의 대부인 8명은 각자 품계에 따라 차례를 정하여 동서로 마주 보고 앉았다. 이들 뒤에 앉아 있는 이들은 시어머니를 모시고 온 부인들이다.

숙설소를 차리다

이 화첩에서 주목해야 하는 장면은 제2폭이다. 조선시대 어느 기록화에도 보이지 않는 '숙설소熟設所'의 모습이 생생하게 묘사되어 있기 때문이다. 숙설소는 조선시대 왕실에서 큰 잔치에 필요한 음식을 준비하기 위해 임시로 설치했던 주방을 가리킨다. 경복궁이나 창덕궁에는 전각마다 부엌이 있었고, 별도로 내소주방內燒廚房과 외소주방外燒廚房, 그리고 생물방生物房 등이 있었다. 소주방은 음식을 끓이고 익히는 주방을 갖춘 공간이고, 생물방은 음료, 과자, 떡 등을 만들던 곳으로 '생과방生果房'이라고 부르기도

했다. 하지만 이 주방들은 적은 양의 음식을 만드는 시설이었다. 그래서 왕실의 공식 잔치인 '진연進宴'이나 '진찬進饌' 때는 숙설소의 임시 가옥, 즉 가가假家를 지어 주방으로 사용했는데 그 규모가 190칸이나 되는 경우도 있었다. 숙설소에는 주방을 관리·감독하는 감관監官이 있었고, 남성 요리사인 숙수熟手가 역할을 나누어 요리를 담당했으며, 군인도 동원되어 음식을 가자架子에 실어 날랐다.

숙설소의 장면을 자세히 살펴보자. 그림의 왼쪽 상단에는 뚜껑이 덮인 무쇠솥이 두 개 놓였다.❷ 그 안에서 어떤 음식이 끓고 있는지는 알 수 없지만, 상상컨대 각각 밥과 국이 담겼을 가능성이 크다. 그 앞에는 뚜껑이 없는 작은 무쇠솥이 세 개 놓였다. 옆에 놓인 널찍한 함지박에는 숯이 들었고, 도가니에서는 방금 만들어 온 숯이 열기를 내뿜는 듯하다. 가장 왼쪽에 있는 남성은 숯에 불을 붙이고, 그 옆의 남성은 기다란 도구를 들고 음식을 익히고 있는 듯 보인다.

이들 뒤에는 다리가 긴 탁자가 있는데, 그 위에는 음식을 담은

백자 그릇과 함지박, 도마가 있다.❸ 요리 중인 두 남성이 보인다. 한 사람은 방금 음식 재료를 썬 듯 오른손에 칼을 쥐었다. 다른 한 사람은 항아리에서 국자로 무언가를 퍼낸다. 항아리의 생김새로 보아 각각 간장과 된장, 술이 담겨 있을 테다. 그 뒤에는 입이 넓은 항아리 하나가 받침대 위에 놓여 있는데 아마도 물이 담겨 있는 듯하다. 그 옆의 광주리에는 채소나 고기가 담겼을 가능성이 크다.

조선 왕실의 남성 요리사들

이쯤에서 남성 요리사 일색인 그림의 묘사가 이상하다고 여길 독자도 있을지 모르겠다. 조선시대를 배경으로 한 대부분의 사극에서는 여성 나인들이 음식을 만들지 않았던가? 사실 조선시대 궁중 음식의 조리는 이조에 속했던 사옹원의 잡직雜織 남성들이

담당했다. 이들은 집안 대대로 노비 출신이었으나, 궁중의 요리를 관할한다는 직무 특성상 벼슬을 받았다. 사옹원의 구성은 대체로 재부宰夫 1인, 선부膳夫 1인, 조부調夫 2인, 임부飪夫 2인, 팽부烹夫 7인으로 이루어졌다. 재부는 종6품으로, 주로 대전大殿과 왕비전王妃殿의 수라간水剌間을 책임진 주방장이었다. 선부는 문소전文昭殿(경복궁 내의 태조와 신의왕후神懿王后의 위패를 모신 사당)과 대전 다인청多人廳(조선시대 환관이 거처하던 곳)의 주방장으로 종7품에 들었다. 조부는 종8품으로 왕비전 다인청의 주방장 일을 맡았다. 임부는 세자궁과 빈궁의 주방장으로 정9품이었다. 팽부는 궁궐 내의 공관에서 주방장을 맡았던 조리사로 종9품에 들었다. 이들을 통틀어서 반감飯監이라고 불렀다.

평소에 각 전각의 수라간을 감독하거나 기획했던 남성 요리사들은 이렇게 큰 잔치가 열리면 일종의 '태스크포스task force'를 구성해서 팔을 걷어붙였다. 그림에서 한창 요리하는 남성들 옆에서서 무엇인가를 의논하고 있는 두 사람은 앞에서 소개한 벼슬아치로 보인다.❹ 왕실의 사돈인 한준겸이 주관하고 선조가 특별한 관심을 둔 경수연 잔치라 이들이 나서지 않을 수 없었기 때문이다. 이들은 자기 수하에 둔 구실아치들이 일을 제대로 하는지 감독하면서, 이번 잔치의 음식을 어떻게 올려야 할지 의논하고 있는 듯하다.

앞에서 소개한 주방장들이 벼슬아치라면, 그들의 휘하에 요리를 도맡아 하는 구실아치들도 있었다. 별사옹別司饔, 적색炙色, 반공飯工, 주색酒色, 병공餠工 따위로 그림에 등장하는 요리사 역시 공교롭게 다섯 명이다. 별사옹은 육류 담당 요리사다. 원래 고려 때 별사옹은 '한파오치漢波吾赤'라고 불렸는데 몽골어 '파오치'가 고기를 썰거나 요리하는 사람을 의미했기 때문이다. 태종 때 궁중의 잡역을 맡은 사람들의 이름을 바꾸면서 별사옹이 되었다. 그림에서 칼을 들고 있는 사람이 별사옹일 것이다.

적색은 전을 부치거나 고기와 생선을 굽는 요리사로, 그림에서 긴 젓가락을 들고 있는 사람이 여기에 속하는 듯하다. 반공은 밥과 국을 담당하는 요리사다. 그림에서는 이미 뒤로 물러나 있지만, 붉은색 두건을 쓴 남성이 무쇠솥을 담당하는 반공일 가능성이 크다. 주색은 술과 음료를 담당한 요리사다. 항아리에서 무엇인가를 퍼내고 있는 사람이 이 일을 맡지 않았나 싶다. 마지막으로 병공은 떡과 과자를 담당하는 요리사다. 그림에서 솥의 불을 붙이는 사람이지 않을까?

사실 조선시대 일반 가정이나 주막의 음식 대부분은 여성들이 맡아서 장만했다. 그런데 왜 궁중에서는 각 전각에 딸린 부엌인 수라간을 제외하고는 남성들이 주가 되어 주방 일을 도맡았을까?

이것은 전근대 왕실의 벼슬 체계에서 비롯된 것이다. 전근대 사람들은 남성이 공식적인 일을, 여성은 비공식적인 일을 맡아야 한다고 믿었다. 따라서 궁중의 공식적인 직책 대부분은 남성들 차지였으며, 여성들은 단지 왕을 보조하는 일을 맡았을 뿐이다. 많은 사람이 조선시대 요리사 하면 대장금 같은 여성 나인만을 떠올리곤 한다. 〈선묘조제재경수연도〉에서 보이듯이 조선시대 왕실의 핵심 요리사는 남성이었다. '요리=여성'이라는 인식이 오늘날의 편견일 수 있다는 점을 이 그림을 통해 알 수 있다.

2부

전쟁과 대기근, 그 후의 밥상
: 17세기 중반~18세기 후반의 음식사

조선 왕조가 건국한 지 200년 되는 1592년(선조 25), 일본의 도요토미 히데요시豊臣秀吉(1537~1598)가 조선을 침략하며 발발한 임진왜란과 정유재란이 1598년(선조 31) 음력 12월까지 이어졌는데, 이 두 전쟁으로 한반도의 많은 지역이 폐허가 됐다. 1636년(인조 14) 음력 12월부터 이듬해 음력 2월 사이에 청나라의 침입으로 일어난 병자호란은 임진왜란·정유재란에 비해 기간은 짧았으나 조선의 국력을 약화시킨 결정적인 전쟁이었다. 연이은 전쟁을 거치며 조선에는 원산지가 아메리카 대륙인 새로운 작물들이 시차를 두고 들어왔다. 그중 고추·옥수수·호박·감자·고구마 등은 18세기 이후에 식탁에 일상적으로 오르는 식재료가 되었다.

하지만 병자호란이 끝나고 40년이 채 안 되어서, 1670년 경술년(현종 11)과 1671년 신해년(현종 12)에 대기근이 일어났다. 사람들은 이 대기근을 '경신년경화庚申年更化'라고 불렀다. 피해가 얼마나 심각했으면 세상이 바뀌었다는 뜻으로 '경화'라는 말을 붙인 것이다. 그런데 재앙은 이것으로 끝나지 않았고, 1695년 을해년(숙종 21)에서 1699년 기묘년(숙종 25) 사이 거의 5년에 걸친 대기근이 들었다. 후대 학자들은 기근이 가장 극심했던 을해년과 병자년을 따서 '을병대기근'이라고 부른다. 경신년경화와 을병대기근 시기에는 인육을 먹는 사람도 있었으며, 두 대기근으로 300만여 명이 희생되었다고 한다.

이런 대기근 속에서도 숙종(1661~1720, 재위 1674~1720)은 조선 사회를 안정시켰다. 특히 왕실의 경제력을 탄탄하게 한 공로는 오로지 숙종에게 있었다. 영조(1694~1776, 재위 1724~1776)와 정조(1752~1800, 재위 1776~1800)의 안정된 시대 역시 숙종 덕분이었다.

17세기부터 본격적으로 시작된 연행사燕行使의 청나라 방문은 조선의 지식인이 중국의 낯선 식재료와 음식을 접할 수 있는 기회였다. 하지만 입맛과 음식문화의 차이로 조선 왕실과 지배층이 처음부터 청나라 음식을 쉽게 받아들인 것은 아니었다. 같은 시기 조선엔 일본 요리도 유입되기 시작했다. 숙종의 어의 이시필李時弼은 지금의 부산인 동래의 왜관에 가서 건강에 좋은 일본 음식을 찾아 《소문사설謏聞事說》의 〈식치방食治方〉에 기록했고, 그 요리법들은 당대 왕실의 숙수를 비롯한 많은 요리사에게 소개됐다. 1682년(숙종 8) 일본에 파견한 통신사通信使의 인원은 577명에 이를 정도로 대규모였다. 통신사로 일본에 갔던 조엄趙曮(1719~1777)은 한반도에 고구마 종자를 가지고 와서 재배를 시도했다. 그즈음 두만강 북쪽에서 유입된 감자가 빠르게 확산되기도 했다.

2부에서 소개할 〈우유 짜기〉, 〈회혼례헌수回婚禮獻壽〉, 〈봉수당진찬도奉壽堂進饌圖〉에 소개된 음식은 당시 지배층이 얼마나 풍요로운 식생활을 누렸는지 알려준다. 영조는 금주령을 비롯한 여러 정책을 통해 왕실과 지배층의 사치를 배격했으나, 정조는 왕권 강화를 위해 이러한 풍조를 눈감아주었다. 2부의 〈벼 타작〉,

〈김매기 때 들밥 내오다〉, 〈길가에서 술 파는 노파〉, 〈강변회음江邊會飮〉 등은 평범한 백성들의 일상과 식생활을 보여준다. 이전 시대에 비해 먹을거리가 풍부했음을 짐작할 수 있다.

〈**전연**餞宴〉

아극돈 · 정여,《봉사도奉使圖》, 1725년, 29×46.5cm, 중국 중앙민족대학 중국민족도서관 소장.

04

조선에 온 청나라 사신,
일곱 잔 술에 공연히 취하다

그림에서 왼쪽에는 차일이 쳐 있고, 그 아래에는 소수의 사람만 참석한 격식 있는 연회가 진행되고 있는 듯하다. 마루 한가운데에는 무늬가 새겨진 대자리가 깔렸고, 그 위에서 무동 두 명이 춤을 추고 있다. 분홍색 겉옷에 붉은 끈을 목에 두르고 음악에 맞추어 한쪽 팔을 높이 들어 올리며 흥이 붙었다. 그런데 무동의 얼굴을 자세히 들여다보니 가면을 쓰고 있다. 아마도 가면을 쓰고 귀신을 쫓는 춤인 나례儺禮의 일종인 가면극을 연기하고 있는 듯하다. 그 앞에 서 있는 관리는 이를 연출하고 있다.

무동의 좌우에는 이 연회의 주빈 두 사람이 각각 의자에 앉아 있다. 차일의 뒤편으로 북악산 봉우리와 북한산성이 보인다. 이를 통해 주빈 둘이 동서로 마주 앉았음을 알 수 있다. 등을 동쪽에 둔 동벽의 의자가 상석上席이고, 서벽의 의자가 하석下席이다. 동벽에 앉은 사람은 청나라 관리의 옷을, 서벽에 앉은 사람은 조선 임금의 옷인 곤룡포袞龍袍를 입고 있다. 사실 조선시대에 임금의 모습은 초상화인 어진御眞에는 그렸지만, 일반적인 기록화에는 왕을 숭상한다는 의미에서 묘사하지 않고 자리를 비워두었다. 그런데 조선의 임금이 그림에 담긴 이유, 게다가 청나라 관리에게 상석을 양보한 사연은 무엇일까?

20면의 화첩에 조선에서 겪은 일과 풍경을 기록하다

〈전연〉은 청나라 화첩 중 한 폭이다. 사신을 접대하는 모습을 그렸다고 하여 《봉사도奉使圖》라고 불리는 이 화첩은 청나라 한림학사翰林學士 아극돈阿克敦(1685~1756)이 1725년(영조 1) 음력 3월, 사신단의 부대표 직책인 부래副勑로 조선을 방문하여 겪은 중요한 행사와 풍경이 20면의 그림으로 구성되어 있다. 그림을 그린 사람은 화공 정여鄭璵로, 화첩이 완성된 때는 1725년 음력 6월 이전으로 여겨진다. 조선의 임금이 묘사된 건 이처럼 청나라에서 제작한 그림이기 때문이다.

사실 정여는 조선을 다녀가지 않았다. 그런데 어떻게 마치 조선에 와서 직접 행사를 본 듯 그림을 그렸을까? 그 비밀은 1725년 음력 3월 19일자 《승정원일기承政院日記》에 담겨 있다. 당시 우승지右承旨였던 윤석래尹錫來(1665~1725)는 영조에게 다음과 같이 보고했다. 청나라 사신단 맞이를 담당했던 영접도감迎接都監에서 말하기를, 아극돈이 종이에 여섯 종류의 그림을 그려달라고 했다는 것이다. 그림의 내용으로는 산수화를 비롯하여 농사짓는 모습, 강을 건너는 모습, 가옥과 연희 장면, 관복을 갖추어 입은 관리의 모습 등이 포함되었다. 조선의 화원이 정교하게 그린 그림을 가지고 청나라로 돌아가 정여에게 보여주면서 새롭게 그리도록 한 듯하다.

《봉사도》의 20면 화첩에 어떤 장면이 그려져 있는지 살펴보자. 제1면은 자금성을 배경으로 서 있는 아극돈의 초상화이다. 제2면은 압록강을 건너기 전 야외에 마련한 숙소에 머무는 장면, 제3면은 압록강을 건너 의주성義州城에 도착하는 모습, 제4면은 의주성을 떠나 소곶관所串館(지금의 평안북도 어천도)에서 차를 대접받는 장면이다. 제5면은 서흥瑞興(지금의 황해북도 중부), 제6면은 조선의 농촌 풍경, 제7면은 조선의 관원이 사신단을 접견하는 장면으로 탈춤·줄타기·땅재주 같은 공연 모습도 그려져 있다. 제8면은 파주의 화석정花石亭, 제9면은 지금의 고양시에 있었던 중국 사신의 숙소인 벽제관碧蹄館, 제10면은 황해도 평산부平山府의 옥류천玉溜泉, 제11면은 개성의 관청 일대, 제12면은 황해도 황주목黃州牧의 봉산 가는 길 산수화, 제13면은 평양의 연광정練光亭이 묘사되어 있다. 제14면부터 제18면까지는 한양에 도착한 이후 조선 왕실에서 청나라 사신을 맞이하는 의례 장면들, 제19면은 의주의 풍경, 제20면은 압록강을 건너 다시 청나라로 돌아가는 장면이다. 각 면의 그림에는 장면을 묘사하는 글이 적혀 있다. 아극돈은 이전에도 세 차례나 조선을 방문했던 조선 전문 사신이다. 이번에 청나라 사신단이 조선을 찾은 이유는 지난해 승하한 경종(1688~1724, 재위 1720~1724)을 늦게 조문하는 동시에 영조를 책봉하기 위해서였다.

술이 일곱 번 오르면 음악이 멈추고 연회는 끝난다

조선 왕실은 새 임금 책봉을 위해 한양에 온 중국 사신에게 여섯 차례의 연회를 베풀었다. 곧 한양에 도착한 사신에 대한 환영의 뜻이 담긴 '하마연下馬宴', 사신이 한양에 도착한 다음 날에 베푸는 '익일연翌日宴', 조선의 임금이 대전에서 베푸는 '청연請宴', 사신의 노고를 위로하는 '위연慰宴', 사신이 떠나는 날이 결정된 후에 베푸는 환송의 뜻이 담긴 '상마연上馬宴', 그리고 사신이 떠남을 위로하는 '전연餞宴'이 그것이다.

지금 보는 제18면에는 아극돈 일행이 조선에 머물다가 떠나기 전날 대접받은 '전연'의 모습이 그려져 있다. 이 그림의 오른쪽 위에 적힌 아극돈의 시를 한번 읽어보자.❶ 마치 그림을 보는 듯하다.

❶

海珍山果敞華筵	화려한 연회 자리에 산해진미 가득한데
面面屛開簇簇鮮	사방에 병풍처럼 펼쳐진 산이 아름답구나
酒上一杯花一獻	술 한 잔 올리고 꽃 한 송이 바치더니
吏人纔退樂人前	관리들이 물러나자 악인들이 곧장 들어오네

이렇게 쓴 후 아극돈은 주석으로 다음과 같은 글을 적어놓았다.

酒凡七上 則樂止宴終	술이 일곱 번 오르면 음악이 멈추고 연회는 끝난다
執事者皆簪花	집사들은 모두 머리에 꽃을 꽂았다

아극돈의 시는 다시 이어진다.

悠揚幾曲度夷歌	오랑캐 노래〔夷歌, 조선의 노래〕가 느릿느릿 들려오는데
舞袖雙雙按節和	무동의 옷소매가 서로서로 가락에 맞추어 조화롭네
可惜筵前空一醉	애석하도다! 연회 자리에서 공연히 취한 탓에
不知音處負人多	어떤 음악인지 알지 못해 연주자에게 큰 빚을 졌으니

다시 아극돈은 주석을 붙였다.

舞童長袖戴花	무동은 소매가 긴 옷을 입고 머리에 꽃을 얹었다
歌聲相應 而音則不知矣	노랫소리는 잘 어우러졌으나 어떤 음악인지 알 수 없었다

그림에서 서벽에 앉은 사람은 영조이며,❷ 동벽에 앉은 사람은 아극돈이 수행한 청나라 사신단의 대표 견산질대신遣散秩大臣 각라서노覺羅舒魯이다.❸ 각라서노는 곧 중국의 황제 옹정제雍正帝를 대신하여 조선에 방문한 것이다. 당시 중국과 조선 간에 열리는 연회의 규칙은 황제에게는 아홉 번, 왕에게는 일곱 번의 술을 올려야 연회가 끝나는 것이었다. 하지만 웬일인지 영조는 청나라 사신단 대표에게 술을 일곱 차례만 올렸다. 곧 헤어지는 전연의 자리라서 영조의 위상이 기준이 되었던 듯하다.

아극돈이 이야기한 산해진미는 북벽 탁자 위에 화려하게 차려져 있다.❹ 그림만으론 구체적으로 무슨 음식이 올랐는지 알 수 없지만, 외국 사신 접대에 대한 기록인《영접도감의궤迎接都監儀軌》를 통해 간단히 짐작해볼 수 있다.

❷

❸

대체로 청나라 사신에게는 그들이 즐기는 음식을 차리는 것이 예의였다. 따라서 중국인들이 즐겨 먹는 돼지·양·소·오리·닭 고기를 재료로 한 음식을 장만했을 것이다. 예를 들면, 당저염수唐猪鹽水·산저염수山猪鹽水·당압자염수唐鴨子鹽水와 같은 음식은 돼지·멧돼지·오리 고기를 소금물에 백숙처럼 찌는 방식으로 만들었다. 아울러 가금의 간·허파·콩팥 따위를 조리한 음식도 마련되었다. 가령 계아열편鷄兒熱片·압자숙편鴨子熟片·산저설아멱山猪雪阿覓 등이 그것이다. 동시에 생선전탕生鮮煎湯·전복자지全鰒煮只·해삼어음탕海蔘於音湯과 같은 음식도 준비했을 것이다. 여기에 각종 과일을 비롯하여 약과·다식·당과자唐菓子도 차렸다. 이 중 약과는 조선에만 있는 달콤한 과자라서 중국 사신들에게 인기가 높았다.

갈색 관복을 입은 벼슬아치 두 명이 각각 영조와 각라서노에게 양손으로 꽃을 올리고 있다. 녹색 관복을 입은 벼슬아치는 무릎을 꿇고 상 옆에 앉았는데, 관복의 색으로 보아 통역을 맡은 역관인 듯하다. 주빈이 받은 원반圓盤에는 음식 한 그릇과 상아로 만든 젓가락이 놓였다. 두 주빈의 남쪽에는 자색의 관복을 입은 관리가 또 다른 음식 한 그릇을 마련한 채 기다리고 있다.❺ 음악이

❹

❺

한 곡조 시작되면 코스 요리처럼 한 잔의 술과 한 접시의 요리를 올렸다. 이렇게 일곱 번을 올리면 연회는 끝났다.

그렇다면 이 연회에서 사용된 술은 무엇일까? 아극돈은 물론이고 청나라 사신단의 대표는 만주인滿洲人이다. 그들이 평소에 즐기는 술은 당연히 백주白酒라고 부르는 중국 소주였을 것이다. 백주의 주재료는 고량高粱, 곧 수수이다. 하지만 조선의 소주는 멥쌀을 주재료로 하여 빚은 청주를 증류한 것이다. 이 자리에선 알코올 도수가 40~50도 되는 조선의 소주가 백주 대신에 사용되었을 것이다. 아극돈은 조선 소주 일곱 잔을 마시고 취해버렸다.

어설프게 청나라 음식을 흉내 내지 않다

요즈음 사람들은 청나라의 황실 음식 하면 가장 먼저 만한전석滿漢全席을 떠올릴 듯하다. 만한전석은 청나라의 강희제康熙帝(1654~1722, 재위 1661~1722)가 자신의 즉위 50주년을 기념해 전국의 원로 관리 수천 명을 모아 천수연天壽宴을 열면서, 만주인과 한인漢人의 진귀한 요리를 모두 모아 차린 엄청나게 화려한 잔칫상이었다. 그러나 청나라 황실에서도 이처럼 특별한 행사가 아니면 결코 만한전석이 차려지지 않았다.

3일 동안 펼쳐진 천수연의 만한전석에는 모두 180가지의 음식이 마련되었다. 그중에는 일반인이 상상조차 하기 어려운 요리도 많았다. 가령 붉은제비·백조·들꿩·메추라기와 같은 날짐승, 제비집·상어지느러미·검은해삼·물고기부레·전복 따위의 해산물, 낙타혹·곰발바닥·원숭이골·성성이입술·표범태반·코뿔소꼬리·사슴힘줄 등의 들짐승, 원숭이머리버섯·흰참나무버섯·죽순·그물주름버섯·표고버섯과 같은 귀한 재료와 신기한 요리법으로 만든 음식이 즐비했다.

사실 조선 왕실은 조선을 방문한 청나라의 사신을 무척 신경써서 대접해야만 했다. 이미 병자호란에서 청나라에 항복한 치욕적인 역사를 가진 입장에서는 조금이라도 불필요한 꼬투리를 잡히지 말아야 했다. 그래서 영접도감을 설치하여 사신 대접을 체계적으로 준비하고, 왕은 모화관慕華館으로 나가 중국 사신을 직접 맞이했다. 더욱이 청나라 사신이 황제의 선물을 가지고 오면, 조선 왕실 역시 그들이 돌아갈 때 반드시 은 수천 냥을 건네주었다. 그러니 기본적인 예를 갖추면 되었지, 어설프게 청나라의 음식을 흉내 내어 도리어 접대를 망칠 이유는 없었다.

서로의 입맛을 모르다

다시 그림을 살펴보자. 주빈이 있는 마루 바깥쪽에는 동서로 각각 네 명의 조선 관리가 서 있고, 이들 앞의 탁자에는 흰색의 술잔과 젓가락, 그리고 음식이 담긴 긴 접시가 하나씩 차려 있다.❻ 이들의 역할은 무엇일까? 이들은 주빈을 수행한 관리들이 아니다. 본전 주빈이 앉은 자리 뒤에 각각 조선과 청나라의 복식을 입은 관리가 네 명씩 서 있기 때문이다. 청나라 측의 수행원은 심지어 무기를 갖추기까지 했다. 생각건대 이들은 두 주빈이 먹는 음식에 독이 있지 않은지 확인하는 관리인 듯하다.

외교 관계는 예나 지금이나 서로를 의심하면서 시작되기 마련이다. 더욱이 청나라가 아닌 명나라를 중화로 여겨오던 당시 조선 왕실로서는 오랑캐인 만주인 사신단이 마음에 들지 않았을 것이다. 이런 사정을 잘 알고 있던 청나라 사신은 조선 왕실에서 대접하는 음식을 안심하고 먹기 어려웠을 테다. 보통 상궁이 이 일을 맡아보았지만, 외교 석상에 여성이 나서기가 어려웠으므로 관리들이 대신한 것이 아니었을까?

그림에는 숟가락이 등장하지 않는다. 조선 왕실이 숟가락을 사용하지 않는 청나라의 관습을 고려하여 젓가락만 식탁에 차린 것일까? 혹은 정여가 숟가락과 젓가락을 모두 사용하는 조선인의 사정을 몰랐기에 젓가락만 그렸을지도 모른다. 그마저도 조선에서 사용하는 유기 젓가락이 아니라 상아로 만든 젓가락을 그려놓았다.

아극돈 일행보다 십여 년 앞선 1712년(숙종 38) 음력 11월에 서울을 떠나 이듬해 3월까지 베이징을 방문한 김창업金昌業(1658~

1721)은《노가재연행일기老稼齋燕行日記》에 조선 관리들이 중국 음식에 익숙하지 않아 고생한 이야기를 많이 써놓았다. 특히 조선 사신들은 황제에게 세배하러 자금성에 들어갔을 때 제공받은 타락차駝酪茶가 입에 맞지 않아 거의 마시지 못했다고 한다. 이처럼 18세기까지만 해도 조선과 청나라 사람들은 서로의 음식을 잘 몰랐다. 오랫동안 가까이에 살면서 서로 부대끼지 않으면 상대방이 어떤 음식을 즐겨 먹는지 알기 어렵다. 인적 교류가 매우 드물었던 시절이니, 서로의 입맛을 모르는 것이 너무나 당연한 일이었을 것이다.

〈**우유 짜기**採乳〉

조영석, 《사제麝臍》, 18세기 초반, 27.5×44.8cm, 개인 소장.

05

조선시대, 궁중에서 우유를 짰다

이 그림의 주인공은 소 두 마리와 다섯 사람이다. 맨 오른쪽 사람은 소의 뒷다리를 묶은 끈을 붙잡고 서 있다. 소에 얼굴이 가려 보이지 않는 또 다른 한 사람이 도포 자락을 걷어붙인 채 왼손으로 힘껏 소의 젖을 짜고 있다. 그 맞은편에 쪼그리고 앉은 자는 오른손에 젖을 받는 바가지를 들었다. 한 사람은 암소의 코뚜레를 왼손으로 거머쥐고 오른손으로 얼굴을 다독이며 달래고 있다.

맨 왼쪽 사람은 송아지를 붙들고 엉거주춤 서 있다. 나머지 사람들과 달리 혼자서만 잘록한 턱수염이 그려져 있는데, 아마도 이 중에서 가장 나이가 많은 모양이다. 그가 붙잡고 있는 송아지는 암소의 새끼로 여겨진다. 그림의 장면에 앞서서 송아지로 하여금 어미 젖을 빨도록 했을 것이다. 이 그림만 놓고 보면 조선시대 사람들도 우유를 마셨으리라 생각하게 된다. 정말 그랬을까?

우유로 타락을 만들다

조선시대 문헌에는 우유를 '락酪'이라 적고 있다. 1452년 음력 6월 1일자 《단종실록》에는 신하들이 만 11세의 어린 단종에게 '락', 곧 우유를 권하는 대화가 나온다. 임금은 신하들의 간청을 받아들여 우유를 마셨다고 한다. 하지만 단종 외에 생우유를 먹었다는 기록은 거의 찾을 수 없다. 세종 때 태어나 성종 때까지 살았던 서거정徐居正(1420~1488)은 《사가집四佳集》에 "성상께서 신이 쇠하고 병든 것을 불쌍히 여겨 날마다 내주內廚의 타락駝酪을 한 그릇씩 내렸다"라는 제목의 시를 남겼다. 여기에서 '성상'은 서거정이 늙었을 때이므로 당시 임금인 성종이다. '내주'는 임금의 식사를 준비하는 수라간을 가리킨다. 따라서 성종은 수라간에서 자신에게 올리는 타락을 서거정에게 보내준 것이다.

'타락'은 어떤 음식일까? 서거정이 죽은 지 3년 후에 지금의 경상북도 안동에서 태어난 김유는 한문으로 쓴 요리책인 《수운잡방》 상권 〈탁청공유묵〉에서 타락에 대해 기술했다. "송아지에게 유방이 좋은 암소의 젖을 빨게 하여 우유가 나오기 시작하면, 유방을 깨끗이 씻고 우유를 받는다." 이쯤에서 다시 그림을 보자. 김유의 글이 마치 그림을 묘사한 것과 다름없음을 확인할 수 있다.

이어서 김유는 생우유로 타락 만드는 방법을 상세하게 적었다. "많으면 한 사발, 적으면 반 사발쯤 되는 우유를 세 차례 체로 거른 다음 죽을 끓인다. 끓여 익힌 우유熟駝酪를 오지항아리에 담고, 생우유本駝酪를 작은 종지 하나만큼 섞어 따뜻한 곳에 두고 이불을 두껍게 감싸둔다. 밤중에 나무 막대를 꽂아서 누런 물이 솟아나면 항아리를 시원한 곳으로 옮겨둔다. 만약 생우유가 없으면 좋은 탁주를 중간 크기 종지 하나가량 넣어도 된다. 생우유를 넣을 때 좋은 식초를 같이 넣어주면 매우 좋다." 아마도 서거정은 김유의 요리법으로 만든 타락을 먹었을 것이다.

허준은 《동의보감》 〈탕액편湯液編〉에서 진한 유즙을 뜻하는 '낙酪'을 한글로 '타락'이라고 적었다. 고려 말 원나라 간섭기에 발효유를 가리키는 몽골어 '타락Tapar'이 '낙'의 다른 말로 널리 쓰인 듯하다. 그런데 《조선왕조실록》에는 보이지 않지만, 《승정원일기》에는 타락이 아닌 '타락죽駝酪粥'이란 음식이 자주 등장한다. 왕과 신하가 나눈 대화가 담긴 《승정원일기》는 인조(1595~1649, 재위 1623~1649) 이후의 것만 남아 있는데, 모든 임금의 기록에 타락죽이 나온다. 그만큼 조선의 임금들이 즐겨 먹었던 음식이 타락죽이었다.

타락죽을 만드는 방법은 우유를 주재료로 사용하는 점은 같지만, 앞에서 소개한 《수운잡방》의 타락과는 약간 다르다. 19세기 초 빙허각憑虛閣 이씨(1759~1824)가 한글로 쓴 요리책 《규합총서閨閤叢書》에 적힌 타락죽 만드는 방법은 다음과 같다. "쌀을 담가다가 무리를 정갈하게 갈아 밭치고, 생우유가 한 사발이면 무리는 조금 적게 하되, 묽고 되기는 잣죽 무리의 심만큼 하여, 먼저 쑤다가 반만 익으려 하거든 우유를 부어 화합하여 쑤나니, 이것이 내국內局의 타락법이니라."

곧 《수운잡방》의 '타락'이 끓인 우유에 생우유와 식초를 약간 넣어 발효시킨 음료라면, 《규합총서》의 '타락죽'은 물에 불린 쌀을 맷돌에 갈아 체에 밭쳐서 가라앉힌 앙금인 무리에 생우유를 넣어 익힌 죽이다. 체질적으로 우유 속의 락토오스lactose를 분해할 수 있는 효소인 락타아제lactase가 없는 사람이 우유 계통의 음료를 마시면 설사를 한다. 혹시 타락을 먹은 임금들에게 그런 일이 생겼던 것일지도 모른다. 그래서 쌀무리에 우유를 넣은 타락죽 제조법이 16~17세기에 개발된 것이 아닐까?

조선 왕실에서는 타락죽을 겨우내 왕의 건강을 지키는 약으로 인식했다. 내의원에서는 날씨와 임금의 건강 상태를 살펴서 원기 증강이 필요하다고 판단하면 타락죽을 만들어 올렸다. 특히 매년 음력 10월 1일부터 다음 해 1월 30일 사이에는 수시로 타락죽을 만들어 왕뿐만 아니라 왕대비, 왕세자, 왕세자비, 심지어 기로소에 들어간 고령의 관료들에게도 제공했다.

우유를 짜는 사람들은 누구일까?

그렇다면 이 그림에 등장하는 사람들은 누구였을까? 사실 목축업을 하는 사람들이 아니고선 가축의 젖을 짜기란 여간 어렵지 않다. 그림에서도 무려 다섯 명의 남성이 암소의 젖을 짜고 있지 않은가. 그런데 이상한 점은 이 다섯 사람이 모두 도포를 걸치고,

넓은 양태의 갓과 가죽신 차림이란 것이다.❶, ❷ 조선 후기에 이런 복장을 할 수 있었던 사람은 사대부 출신이거나 종9품 이상의 관직에 있던 한양의 중인中人이었다.

중인은 사대부와 양인良人 사이의 중간신분 계층을 가리켰다. 이들은 한양의 중심가에 살면서 역관譯官·의관醫官·산관算官·율관律官·음양관陰陽官·사자관寫字官·화원畫員·역관曆官 등의 기술직에 종사했다. 조선의 사대부는 대부분 노동에 참여하지 않았다. 그렇기에 그림 속의 인물들은 중인 출신 관리였을 가능성이 크다.

앞에서 살펴본《규합총서》에서 타락죽 요리법이 내국의 것이라고 했다. 내국은 다른 말로 내의원으로, 궁중에서 왕의 약을 조제하던 관서다. 내국과 함께 내약방內藥房·약원藥院이라고도 불렸다. 타락죽 제조의 최종 결정권은 임금에게 있었으나, 먼저 내의원에서 제안하는 것이 통례였다. 조선 왕실의 제도가 정비된 15세기 후반에 내의원의 책임자는 사대부 출신 관료인 도제조都提調·제조·부제조 등이 맡았다. 이 책임자들 아래에는 중인인 의관이 있었다. 의관은 의료 기술만 좋다고 될 수 없었고 반드시 과거

시험의 하나인 의과醫科를 통과해야 했다. 그래야 종6품 낭관郎官의 벼슬인 주부主簿 이상의 자리에 오를 수 있었다.

그림의 갓만 보아도 이들이 관리임을 충분히 짐작할 수 있다. 갓은 다른 말로 흑립黑笠이라 부른다. 이것이 사대부들 사이에서 크게 유행하자 1556년(명종 11) 왕실에서는 흑립을 외출복의 모자로 쓸 수 있도록 허락했다. 18세기가 되면 갓의 양태는 더욱 넓어졌다. 서울의 중인들도 과거시험을 거쳐서 종9품에서 정3품까지 오를 수 있었으므로 엄연한 중앙관료였다. 따라서 중인들도 넓은 양태의 갓을 쓸 수 있었다.

그러자 돈이 많거나 직급이 높은 사대부들은 갓끈에 장식을 달아서 신분을 구분했다. 장식은 주로 땅속에 묻힌 나무의 진액이 굳어 누런색을 띠는 광물인 호박琥珀이나 호박의 일종으로 젖송이 같은 무늬가 있는 밀화蜜花, 그리고 바다거북과에 속하는 대모玳瑁의 껍데기 등으로 만들었다. 그림의 등장인물들은 갓끈에 그런 장식품을 매달지 않았다. 그래서 그들은 내의원에 소속된 의관일 가능성이 크다.

하지만 특별한 경우가 아니고서는 우유 짜는 일을 평상시에도 내의원의 의관이 직접 했을지는 의문이다. 왕실에 필요한 소와 말 따위를 기르는 사복시司僕寺라는 관서가 있었고, 타락죽을 전문적으로 제조하는 타락장駝酪匠이라는 노비도 있었기 때문이다. 1726년(영조 2) 음력 12월 7일자 《승정원일기》에는 유동이劉同伊와 박개궁지朴介宮只라는 이름의 타락장에 관해 영조와 사복시의 제조提調 사이에 나눈 대화가 나온다. 당시 사복시에는 타락장이 총

세 명이 있었다. 그렇다면 평소에는 타락장이 암소의 젖을 짰을 가능성이 높다. 하지만 그림에 나오는 등장인물들의 복장은 노비 타락장의 것이 아닌 것으로 보아, 간혹 내의원의 의관이 직접 우유를 짜는 일도 있지 않았을까 추측하게 된다.

사진처럼 그리다

이 그림을 그린 사람은 숙종·영조 연간에 활동했던 사대부 화가 조영석趙榮祏(1686~1761)이다. 조영석은 그림은 물론이고 시와 글씨에도 재주가 뛰어나 시·서·화 삼절三絶(세 가지 뛰어난 재주를 가진 사람)로 불렸다. 특히 "사물을 직접 마주 대하고 그 참을 그려야 곧 살아 있는 그림이 된다卽物寫眞 乃爲活畵"라고 말했던 만큼, 그는 그림의 사실적 묘사를 중요하게 생각했다.

조영석은 〈우유 짜기〉를 포함하여 사람들의 생생한 생활 모습을 화첩《사제麝臍》에 남겼다. 새참 먹는 모습, 바느질과 작두질하는 모습, 목기 만드는 장면 등 당시 사람들의 삶을 생동감 있게 담아냈다. 그는 인물 묘사에서 기교를 거의 부리지 않고 눈으로 관찰한 것을 그대로 그렸다.

조영석은 〈우유 짜기〉에 나오는 암소와 송아지를 별도로 그려 두었다. 그것도 송아지가 어미의 젖을 빨고 있는 장면이다. 이와 비교해보며 《수운잡방》에 기록된 타락 요리법이 실제와 어긋나

〈젖을 빠는 송아지〉

조영석,《사제麝臍》, 18세기 초반, 23.7×23.6cm, 개인 소장.

지 않음을 확인할 수 있다.

1984년 한국정신문화연구원(지금의 한국학중앙연구원) 장서각의 고문서 수집 과정에서 발견된《사제》의 제목은 한자를 그대로 풀어 보면 '사향노루의 배꼽'이라는 뜻이다. 이런 제목을 붙인 이유를 조영석은 별도로 밝혀놓지 않았다. 사실 조영석은 뛰어난 그림 솜씨로 이름이 났지만 동시에 같은 이유로 고초를 겪기도 했다. 영조가 조영석에게 세조와 숙종의 어진을 다시 그리도록 명령을 내린 일이 있었다. 하지만 그는 "기술로서 임금을 모시는 자는 선비의 예에 낄 수 없다"라며 거역했다.

조영석은 자신이 선비이기 때문에 그림 솜씨로 이름나기를 원하지 않았던 모양이다. 그래서 《사제》 화첩의 표지에 "남에게 보이지 말라. 범하는 자는 내 자손이 아니다勿示人 犯者非吾子孫"라는 문구를 적어놓았다. 하지만 그의 그림이 남아 있던 덕분에 그림이 그려진 순간으로부터 200여 년이 지난 지금에도 우리는 조선시대 사람들의 우유 짜는 모습을 사진처럼 생생하게 확인할 수 있다.

〈회혼례헌수回婚禮獻壽〉

작자 미상,《회혼례도첩回婚禮圖帖》, 18세기, 37.9×24.8cm, 국립중앙박물관 소장.

06

혼인한 지 60년, 경사로다!

한 사가私家의 대청마루에 화문석花紋席이 깔렸다. 가장 안쪽에는 희고 긴 수염을 한 남성이 붉게 옻칠한 원반圓盤 한 상을 앞에 놓고 앉았다. 원반의 양옆에는 검은 옻칠을 한 호족반虎足盤(상다리가 호랑이의 다리 모양으로 된 소반)이 하나씩 놓였다. 등 뒤에는 여자아이가 보인다. 이 남성의 옆에는 머리에 구름 모양의 운관雲冠을 쓴 여인이 앉았다. 운관은 조선시대 부녀자들이 예복에 갖추어 썼던 관모의 하나다. 이 부인도 남성과 마찬가지로 원반 하나와 그 양옆에 호족반 하나씩을 받았다. 부인의 옆에도 여자아이가 앉았다. 부부가 모두 등을 북쪽으로 향해 앉았으므로 이 행사의 주인공인 듯하다. 이들 뒤에는 포도를 그린 병풍이 쳐져 있다.

부부 앞에는 남녀가 각각 무릎을 꿇고 허리를 꼿꼿이 펴고 앉아서 두 손에 음료 잔이 놓인 쟁반을 높이 들었다. 서편 안쪽에 청화백자 항아리가 호족반 위에 놓여 있고, 하인으로 보이는 한 여성이 국자로 음료를 잔에 담으려 한다. 그 옆에는 두 여성이 서 있고, 그중 한 명이 잔 세 개가 놓인 쟁반을 들고 있다.

부부를 중심으로 하여 남녀 손님들이 각자 음식상을 앞에 놓고 두 줄로 마주 앉았다. 이들은 모두 갓과 머리에 붉은색 꽃을 꽂았다. 부부를 포함한 모든 사람들의 상 위에도 붉은색의 꽃이 꽂혀 있다. 이처럼 조선시대 왕실이나 사대부의 집안에서 경사스러운 잔치가 열리면 사람들은 모자와 머리, 심지어 떡과 같은 음식에도 종이로 만든 꽃을 꽂아 축하의 의미를 보탰다. 이 정도만 살펴봐도 그림이 북벽에 앉은 노부부를 축하하기 위해 열린 잔치의 한 장면임을 알 수 있다.

회혼례의 절차가 생생하게 담긴 화첩

이 그림은 모두 5폭으로 구성된 화첩 중 제3폭에 해당한다. 이 화첩은 별도의 표지가 없어 제목을 알 수 없지만, 노부부의 혼례식을 순서대로 그렸다는 의미로 《회혼례도첩回婚禮圖帖》이라 부른다. '회'는 60년이 다시 돌아옴을 의미하므로 혼인한 지 60주년이 되는 날에 다시 혼례를 치르는 것을 '회혼례'라고 부른다.

조선시대 사대부 집안에서는 15세 전후의 어린 신랑과 18~20세 사이의 신부가 중매로 부부의 연을 맺었다. 따라서 부부가 회혼례를 맞이하려면 남편은 최소 75세, 부인은 최대 80세의 나이

《회혼례도첩》의 제1폭.

에 이른다. 조선시대 사람들의 평균 수명이 50세가 되지 못했음을 고려하면, 부부가 모두 건강히 장수해야만 회혼례의 예식을 치를 수 있었다. 그래서 회혼례 장면을 사진처럼 세밀하고 생동감 있게 그려 집안 대대로 남겨 기념했다.

회혼례의 절차도 혼례와 비슷했다. 화첩의 제1폭은 회혼례식이 열리는 집의 대청마루와 마당, 그리고 문밖의 골목길 모습을 마치 '드론'을 띄워 관찰하듯이 보여준다. 골목길에 들어선 남편이 나무로 만든 기러기 한 쌍을 품에 안은 기럭아비를 앞세우고 부인이 기다리는 집으로 향하고 있다. 60년 전 젊었던 신랑은 신부의 집으로 장가를 갔지만, 회혼례를 치르는 남편은 아내와 함께 살고 있는 집으로 들어간다. 늙은 신랑은 왕실에서 정2품 이

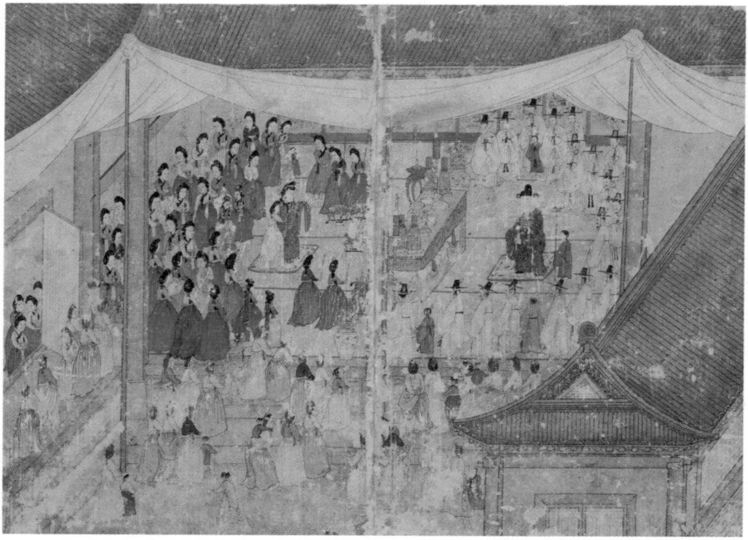

《회혼례도첩》의 제2폭.

상의 관직을 지낸 관료들에게 내리는 '궤장几杖'이라는 지팡이를 오른손으로 짚고 있다. 집의 규모나 회혼례에 참석한 사람들의 숫자로 보아 대단한 집안의 회혼례임을 알 수 있다.

앞마당에선 친척과 이웃으로 보이는 부인들이 경사로운 잔치를 축하하듯 들썩이는 모습으로 이야기를 나누고 있다. 대청마루에는 회혼례식을 거행할 준비가 다 된 듯하다. 대례상大禮床이 놓였고 양쪽에 신랑과 신부의 자리가 마련됐다. 신부석 옆에는 신부의 절을 도와줄 여인 넷이 서 있다.

제2폭에는 회혼례식 장면이 그려져 있다. 중앙의 대례상을 중심으로 오른쪽은 신랑, 왼쪽은 신부 자리다. 신랑과 신부 주위에는 각각 남녀들이 모여 막 시작하려는 회혼례식을 바라보

《회혼례도첩》의 제4폭.

고 있는데, 차림으로 보아 모두 사대부 집안의 자손과 친척들이다.

대례상의 양 끝에는 매우 높게 고인 회갈색 떡이 둘씩 놓였다. 고임떡 위에도 빨강, 초록색 종이로 만든 장식을 꽂아 축하의 의미를 담고 있다. 대례상의 신랑 쪽으로 삶은 닭과 낮게 쌓은 떡이 보이는데 아마도 신부 쪽에도 비슷한 음식이 놓였을 것으로 여겨진다. 촛불이 켜 있는 것으로 보아 예식이 열린 시간은 저녁인 듯하다. 본디 혼례의 '혼婚'은 저녁때를 뜻하는 한자 '혼昏'에서 온 것이다. 그래서 혼례는 오후 5시 이후 해가 지고 나서 치러졌다.

화첩의 제3폭은 뒤에서 살필 노부부가 함께 있는 연회 장면이

《회혼례도첩》의 제5폭.

다. 제4폭은 신랑이 남성 손님들과 함께 음식을 나누어 먹는 장면이다. 주인공이 북벽에 앉았고, 손님들이 나이순으로 동벽과 서벽을 번갈아 가면서 앉았다. 신랑은 제3폭에서와 같이 원반 하나와 호족반 두 개를 받았고, 음식들의 모습도 비슷하다. 하인과 별감으로 보이는 남성들이 음식을 나르느라 분주하다. 청화백자와 오지항아리 앞에서 각각 한 사람씩 국자로 음료를 푸고 있다. 청화백자에는 음료가, 오지항아리에는 술이 담겼을 듯하다. 그 옆에서 두 사람이 함께 음식이 가득 차려진 원반을 옮기고 있다.

제5폭은 참석자들의 구성이 제4폭과 비슷해 보이지만 자세히 보면 그렇지 않다. 주인공인 신랑은 똑같이 북벽에 앉았지만, 동벽과 서벽에 앉은 남성들의 옷차림이 다르다. 신랑 앞에서 한 사람이 무릎을 꿇고 음료 잔이 놓인 쟁반을 높이 들고 있다. 이 사람 왼쪽에 놓인 청화백자에는 술이 아닌 음료가 담겼을 테다. 만약 모든 참석자들로부터 술을 한 잔씩만 받아서 마시더라도 70세가 훨씬 넘은 신랑은 회혼례식이 끝나기도 전에 세상을 떠날지도 모른다. 뒤에 서 있는 세 사람은 자신의 순서를 기다리는 듯하다. 이처럼 회혼례의 마지막 차례에는 왕실의 진연·진찬·기로연 같은 잔치와 마찬가지로 참석자가 주인공에게 먼저 축하의 말씀을 올리고 큰절을 한 뒤, 술이나 음료를 올린다. 그러는 동안 한편에선 악공들이 음악을 연주하고 무동이나 무녀가 춤을 춘다.

《회혼례도첩》의 그림들은 건물의 모습도 자를 대고 그린 듯이 반듯하고, 등장인물의 복식과 움직임도 마치 살아 있는 듯 생생하다. 다만 잔치의 주인공이 누구인지를 알려주는 글이 별도로 적혀 있지 않아 아쉽다. 당연히 수준 높은 기록화를 그린 화가의 정체도, 정확한 제작 시기도 알 수 없다. 추측건대 중국에서 들어온 서양식 제도법이 그림 전체에 적용된 것으로 보아 18세기 초중반에 그린 그림이 아닐까 추측한다. 또 당시 재위했던 영조는 회혼례를 축하하는 한시 〈어제회혼례御製回婚禮〉를 짓는 등 왕실과 사대부 집안에서 열리는 회혼례를 무척 중요하게 여겼다. 이런 시대적 배경에서 《회혼례도첩》이 제작된 것은 아닐까 싶다.

맏아들 부부가 술을 올리다

이제 이 글의 주제인 제3폭을 자세히 살펴보자. 노부부 앞에서 두 남녀가 무릎을 꿇고 음료가 담긴 잔을 올리고 있다.❶ 조선시대에는 이처럼 환갑잔치나 회혼례에서 참석자가 주인공에게 장수를 기원하는 의미로 술이나 음료를 올리는 행위를 '헌수獻壽'라고 불렀다. 빈자리를 보아 지금 헌수하고 있는 두 남녀는 노부부의 큰아들 부부일 가능성이 크다. 서쪽에 서 있는 녹색 저고리를 입은 아낙이 노부부에게 술잔을 전하는 일을 거들 것이다.❷

다산茶山 정약용丁若鏞(1762~1836)은 마치 이 장면을 직접 보고 묘사한 듯한 한시 한 편을 지었다. 바로 〈회근연수준명回巹宴壽樽銘〉이다.

君子偕老	해로하는 군자에게
福祿膍之	복록(타고난 복과 벼슬아치의 녹봉)이 두텁도다
黃髮兒齒	누런 머리에 새로 난 이로
親結其褵	손수 향주머니 매어주네
維莫之春	삼월 늦은 봄을
昏以爲期	혼기(혼인식의 날과 시간)로 잡고서
率由舊章	옛 법을 따르니
莫不令儀	모두가 올바른 예의로세

君子好逑　군자의 좋은 배필이라
和樂且湛　화평하고 즐겁구나
其舊如之何　옛 임이 얼마나 좋은가
匪今斯今　이제 만난 사람 같네

鴛鴦在梁　대들보 위에 노는 원앙새
室家溱溱　암수가 얼마나 다정한가
矧爾人矣　하물며 사람이 되어
不思舊姻　옛 혼인을 생각하지 않겠는가

君子有孝子　군자에게 효자 있어
酌之用匏　바가지로 술 권하고
蹲蹲舞我　덩실덩실 춤을 추며
謂我劬勞　애쓰셨다 말을 하네

獻酬交錯　술잔을 번갈아 올리고
言緡之繩　줄을 꼬아 매어

以祈黃耈　　장수를 비오니
如岡如陵　　뫼와 구릉처럼 오래 사시옵소서

'회근연'은 회혼례의 다른 말이다. 여기에서 '근'은 술잔을 의미하는데, 특히 혼례의 주요 의식 중 하나인 근배례巹盃禮의 뜻이 담겨 있다. 조선시대 남녀가 혼인할 때는 신부의 집 대청마루나 마당에 '대례상'이라고도 부르는 '교배상交拜床'을 차려, 이를 중심으로 신랑은 동쪽에, 신부는 서쪽에 자리 잡는다. 우선 교배례交拜禮에서는 신부가 먼저 신랑을 향해 네 번 절한다. 그러면 신랑이 신부를 향해 두 번 절한다. 그 다음에 근배례가 이어진다. 신랑과 신부는 마주 서서 각각 술을 세 잔씩 마신다. 그러니 '회근연'이라는 글자에는 혼례 때 신랑과 신부가 서로 나눈 술잔을 60주년에 맞추어 다시 주고받는다는 뜻이 담겨 있다.

회혼례의 또 다른 핵심은 자손이나 하객이 노부부에게 축하의 말씀을 올리고 큰절한 다음, 음료나 술을 담은 잔을 올리는 의례로 구성된다. 잔을 올리는 순서는 맏아들 부부를 시작으로, 그다음 아들인 차자 부부, 시집간 딸자식 부부가 나이순으로 행한다. 그림에는 장가를 가지 않은 손자들도 보인다. 이들이 그다음에 헌수한다. 보통 친척과 하객들은 축하의 말씀 대신에 한시를 지어 바치는 경우도 있다. 앞에서 소개한 정약용의 한시 역시 그가 참석한 회근연의 주인공 부부에게 바친 것이다.

축하의 상징인 고임떡과 종이로 만든 꽃

이제 노부부가 받은 큰상으로 시선을 옮겨보자. 그림만으로 어떤 음식이 올랐는지 정확하게 알기는 쉽지 않지만, 조선시대 요리책에 나오는 제조법을 통해 상상해보려 한다.

붉은색 원반 위에 놓인 고임떡은 팥시루떡으로 보인다.❸ 붉은 팥은 마귀를 쫓는다는 벽사辟邪의 의미가 있다. 그래서 회혼례상의 중심에 팥시루떡이 놓였다. 영조 때 의관을 지냈던 유중림柳重臨(1705~1771)은 《증보산림경제增補山林經濟》에서 시루떡 만드는 방법을 설명했는데, 체에 친 쌀가루를 시루에 손가락 하나 두께로 안치고 바로 팥가루를 층층이 뿌리라고 했다. 그다음 시루를 물이 든 무쇠솥에 올려 불을 때고, 김이 막 오를 때 소금과 물로 간을 맞추면 편리하다는 말도 덧붙였다. 한편 고임의 높이는 이것을 받는 사람의 지위와도 관련이 있었다. 노부부는 회혼례의 주인공이었기에 원반에 놓인 고임떡의 높이가 참석자들 상에 놓인 것보다 높았을 것이다.

❸

소반 앞줄에는 콩고물을 묻힌 인절미로 보이는 음식이 큰 대접에 담겼다. 조선시대만 해도 찹쌀이 귀해서 인절미의 주재료는 멥쌀이었다. 멥쌀로 밥을 지은 다음에 안반(떡을 칠 때 쓰는 두껍고 넓은 나무판)에 올려놓고 떡메로 수차례 쳐서 점성을 낸 떡이 인절미다. 물론《증보산림경제》에서는 가장 좋은 찹쌀로 인절미를 빚으면 더 좋다고 했다. 찹쌀을 더운물에 담그고 4~5일 동안 매일 물을 갈아주면서 불린다. 이것을 시루에 푹 쪄서 안반에 놓고 수백 번 친 뒤에 적당한 크기로 잘라서 콩고물을 묻혀 갈무리한다고 했다. 쫀득쫀득한 점성의 인절미에는 곧 생명도 질기라는 장수의 상징이 담겨 있다. 그래서 인절미는 회혼례의 잔칫상에 빠지지 않았다.

이 외의 음식은 그림만 보아선 알 길이 없다. 다만 백자 사발과 대접, 그리고 보시기가 놓여 있는 것으로 보아 젖은 음식과 마른 음식이 골고루 차려졌을 테다. 노부부가 받은 원반 양옆의 호족반에도 대접과 보시기를 닮은 그릇이 놓여 있다. 아마도 연근·인삼·생강 등을 꿀에 조려 만든 정과正果와 소고기 편육, 그리고 국수와 반찬 등이 담겼을 것으로 여겨진다.

보통 회갑상에는 떡뿐만 아니라 각종 정과와 편육 역시 높이 괴어 상에 올렸다. 특히 말린 문어와 전복으로 꽃이나 봉황 모양을 만들어 음식에 꽂아 상을 장식했다. 그러나 그림 속 고임 음식은 팥시루떡뿐, 다른 음식은 모두 대접이나 그릇에 담겼다. 회갑상은 다른 말로 '산 제사 받기'라고 불렀다. 살아 계신 부모에게 마치 제사상을 드리듯이 각종 고임 음식을 올리고 술을 바쳤기 때문이다. 하지만 그림의 회근연은 회갑연과 달리 혼인을 기념하는 잔치였기에 제사상처럼 고임 음식이 즐비하게 놓이지 않았다.

주인공 노부부가 받은 큰상에는 음식마다 붉은빛을 띠는 꽃이 꽂혀 있다. 조선시대 잔치에서는 생화를 올리기보다 종이로 만든

지화紙花로 장식했다. 다른 말로 상화床花라고도 불렀다. 자손과 하객들이 받은 상의 음식에도, 앞줄에 앉은 참석자들의 갓과 트레머리에도 하나씩 꽂혀 있다.❹ 하지만 자손과 축하객에게만 제공된 듯, 일하는 사람들의 머리에는 꽂혀 있지 않다.

보통 30세가 훨씬 지나서야 혼인을 하는 요즘 부부가 회혼례를 맞이하기는 쉽지 않다. 그뿐만 아니라 개인이 공동체보다 더 중요한 현대인에게 가족이나 친척, 마을 사람들이 모두 참여하던 예전의 의례는 이전과 같은 의미를 지니지 않는다. 오늘날은 의례가 사라지는 시대다. 그래서인지 회혼례의 장면을 생생하게 그린 이 화첩이 낯설면서도 가족 공동체의 정이 물씬 느껴진다.

〈**벼 타작**打稻樂趣〉
김홍도,
《김홍도필
행려풍속도 8폭병풍
金弘道筆行旅風俗圖八幅
1778년, 90.9×42
국립중앙박물관 소

07

벼 타작 소리 속,
흥취가 넉넉하다

그림을 보면 저고리와 바지를 입은 다섯 명의 남성이 열심히 일하고 있다. 그중 가운데 세 사람이 한 손으로는 볏단을 묶은 새끼줄을, 다른 한 손으로는 그 묶음에서 길게 늘어트린 줄을 잡고 바닥에 놓인 통나무를 향해 내려치려 한다. 두 사람은 기다란 통나무를 나눠 쓰고 다른 한 사람은 혼자서 또 하나의 통나무를 사용하고 있다. 가을이 들고 벼가 익어 고개를 숙이면 농부들은 낫으로 벼를 베어 볏단을 만든다. 추수 이후엔 그림과 같이 벼의 알갱이를 떨어서 낟알을 거둬야 한다. 이 일을 '타작打作'이라 하고, 특히 벼의 이삭을 떨어내는 행위는 '타도打稻'라고도 불렀다. 따라서 이 그림의 주제는 타도, 곧 타작이다.

타작을 하는 세 명 중 오른쪽 사람은 더벅머리다. 아마도 총각인 듯하다. 가운데 사람은 혼인을 한 듯 상투를 틀었는데 사대부가 아닌 하인이라서 맨상투다. 그 왼쪽 사람은 머리에 짚이 붙지 않도록 무명으로 만든 두건을 쓰고 있다. 맨 오른쪽에는 상투를 틀고 무명으로 만든 건巾을 두른 남성이 타도 중인 세 사람에게 줄 볏단을 새끼줄로 묶고 있다. 맨 왼쪽에도 같은 머리 모양을 한 남성이 싸리나무로 만든 빗자루로 벼 이삭을 쓸고 있다.

타도의 핵심 도구 '개상'

요사이 농촌에서는 콤바인 같은 기계로 벼농사를 짓는다. 하지만 1970년대까지만 해도 대부분의 농촌에서는 사람의 힘으로 직접 벼를 수확했다. 양력 9월 8일경의 백로白露가 되면 벼 이삭이 여문다. 그로부터 40일 이내, 곧 양력 9월 23일경의 추분秋分과 10월 8일경의 한로寒露 사이가 벼베기에 가장 좋은 때다. 벼베기는 이웃과 친척끼리 노동력을 교환하여 집집마다 돌아가면서 해야 할 만큼 노동 강도가 셌다. 한여름 그렇게 길던 해도 추수 때가 되면 눈에 띄게 짧아지고, 혹시 비라도 오면 낭패를 당하기 쉬웠다. 그래서 벼베기는 가능한 한 밤을 새워서라도 빨리 해치워야 했다. 낫으로 벤 볏단은 남성 주먹으로 스무 움큼씩을 한 다발로 묶어서 논에 세워 약 20일을 말린다. 그다음 작업이 바로 타작이다.

조선시대에 타작하는 방법은 크게 두 가지가 있었다. 벼 이삭을 빗처럼 생긴 도구로 훑어내는 방법과 돌이나 나무 따위에 볏단을 내려쳐서 떨어내는 방법이다. 벼 이삭을 훑어내는 데 사용하는 농기구는 '홀태'다. 홀태는 나뭇가지 두 개 사이에 틈을 두어 만든 것으로 생김새가 마치 핀셋을 닮았다. 홀태라는 명칭은 '훑다'라는 말에서 온 듯하다. 홀태 작업은 적은 양의 볏단을 나뭇가지 틈에 넣고 훑어내는데, 이삭이 이리저리 튈 위험은 적지만 한꺼번에 많은 양을 타작해야 하는 경우에는 어려움이 있었다.

작업량이 많을 때는 그림처럼 바닥에 볏단 묶음을 힘껏 내려치는 방식으로 이삭을 떨어냈다. 이때 사용하는 돌을 '탯돌', 나무를 '개상'이라고 불렀다. 정약용의 둘째 아들 정학유丁學游(1786~1855)가 지은 것으로 알려진 〈농가월령가農家月令歌〉 9월 편에서는 타작 모습을 다음과 같이 묘사하고 있다.

> 구월이라 늦가을이니 한로寒露, 상강霜降 절기로다. (중략) 절기를 따라가며 조상 은혜 잊지 마소. 보기는 좋지만 추수가 더 시급하다. 들 마당 집 마당에 개상과 탯돌이라, 습한 논은 베어 깔고 마른 논은 메 두드려, 오늘은 점근벼요 내일은 사발벼라, 밀따리 대추벼와 동트기 경상벼라, 들에는 조 피 더미, 집 근처 콩팥 가리, 벼 타작 마친 뒤에 틈나면 두드리세.

그림에서는 간단하게 통나무 두 개를 땅바닥에 둔 채 사용하고 있지만,❶ 제대로 만든 개상은 통나무 두 개를 사이에 틈을 둔 채 연결하고 네 개의 다리를 붙인 것이다. 개중 대형 개상은 통나

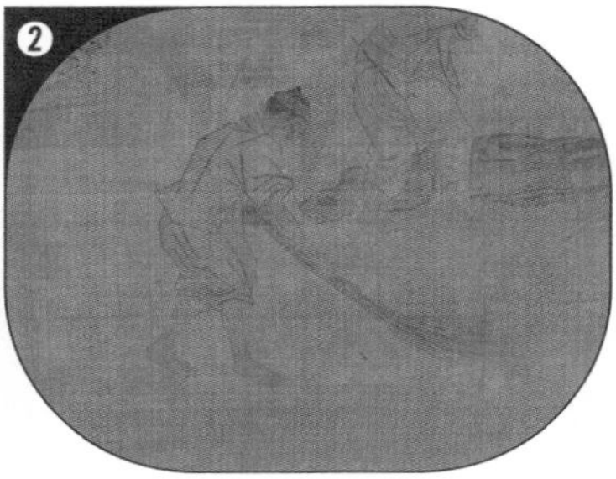

무 네댓 개를 가로로 대어 엮은 것도 있었다. 이렇게 만든 개상은 여러 명이 각 면에 서서 볏단을 메어칠 수 있었다. 개상은 나무를 연결한 가운데 틈에 이삭을 떨어뜨릴 수 있어 많은 양의 볏단을 타작하는 데 적합했다.

이처럼 개상으로 타작하는 행위를 '개상질'이라고 불렀다. 개상질로 타작을 하면 이삭이 멀리 날아가기 십상이므로 집 안이나 밖에 넓은 타작마당이 있어야 한다. 별도의 타작마당이 없으면 마을에서 공동으로 공간을 만들기도 했다. 타작마당은 논흙을 퍼다가 마당에 고루 펴 판판하게 다진 다음, 물을 뿌리고 거적을 덮은 뒤 밟아서 만들었다. 간혹 큰 타작마당을 만들 때는 마을 사람들이 모두 모여 한바탕 놀면서 바닥을 다지기도 했다. 타작마당은 곱돌처럼 매끈해야 떨어져 나온 귀중한 벼 알갱이가 흙이나 모래에 섞이지 않는다. 그림 하단의 남성은 혹시라도 돌이 벼에 섞이지 않을까 눈을 땅바닥에 내리깐 채 비질하고 있다.❷

이 그림은 김홍도金弘道(1745~?)의 작품이다. 그의 스승 강세황姜世晃(1713~1791)은 김홍도가 "어릴 적부터 그림을 공부하여 인물, 산수, 신선, 불화, 꽃과 과일, 새와 벌레, 물고기와 게 등에 이르기까지 못 그리는 것이 없었다"라고 칭찬했다. 또 "우리나라 인물과 풍속을 잘 그려내어 공부하는 선비, 시장에 가는 장사꾼, 나그네, 규방, 농부, 누에 치는 여성부터 이중으로 된 가옥, 겹으로 난 문, 거친 산, 들의 나무 등에 이르기까지 그 형태를 똑 닮게 그려서 모양이 잘못된 것이 없으니 옛적에 이런 솜씨는 없었다"라고도 평가하여 김홍도의 그림 소재가 매우 다양했음을 알려준다.

실로 지금까지 전하는 김홍도의 그림만 보아도 강세황의 평가가 틀리지 않았음을 알 수 있다. 그는 18세기 조선 최고의 화가였다. 김홍도는 7~8세 때부터 시·서·화 삼절로 일컬어지던 강세황의 집을 드나들며 그림을 배웠다. 김홍도는 스승의 추천으로 10대 후반에 산수화, 기록화, 지도 등 그림 그리는 일을 담당했던 도화서圖畫署의 화원이 되었고, 1773년(영조 49) 만 28세의 나이에 영조의 어진과 왕세자 정조의 초상을 그렸다.

지금 보는 그림은 후대의 학자들이 《김홍도필 행려풍속도 8폭 병풍》이라 이름 붙인 작품 가운데 한 점으로, 김홍도가 만 33세였던 1778년(정조 2) 초여름에 화원 선배이면서 중인 출신 화가인 강희언姜熙彦의 집에서 그린 것이다. '행려풍속도'란 선비가 세속을 유람하면서 마주친 다양한 장면을 소재로 그린 그림을 일컫는다. 이 병풍에 있는 그림 8폭의 한자 제목 및 주제는 다음과 같다.

① 노상송사路上訟事, 거리의 판결

② 노변야로路邊冶爐, 길가의 대장간

③ 진두대도津頭待渡, 나루터에서 강 건너기를 기다리다

④ 매해파행賣醢婆行, 젓갈 팔러 가는 노파 행렬

⑤ 과교경객過橋驚客, 다리를 건너다 놀란 나그네

⑥ 타도낙취打稻樂趣, 볏단 메어치는 흥취

⑦ 노상풍정路上風情, 길 가다 마주친 여인과 사대부

⑧ 파안흥취破鞍興趣, 깨진 안장에 앉아 훔쳐보는 흥취

사실 이 제목들은 김홍도가 직접 이름 붙인 것이 아니라, 스승 강세황이 각 그림의 상단에 한시로 적어놓은 평에서 따온 것이다. 그럼 강세황이 〈벼 타작〉 화폭 상단에 써놓은 한시를 읽어보자.❸

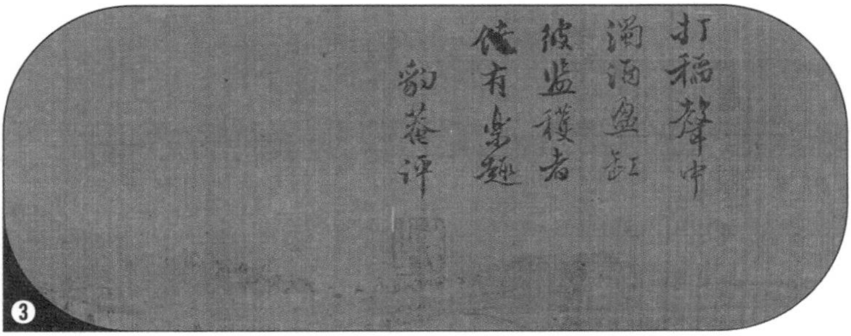

打稻聲中　벼 타작 소리 속
濁酒盈缸　막걸리가 항아리에 가득하니
彼監穫者　수확을 감독하는 저 사람
饒有樂趣　흥취가 넉넉하다

첫 두 글자와 마지막 두 글자를 붙여 이 그림의 제목을 '타도낙취'라고 부를 만하다. 강세황은 자신이 쓴 글임을 알리기 위해 자신의 호를 살려 '표암평豹菴評'이란 글과 낙관을 남겨놓았다. 따라서 이 그림은 김홍도의 그림과 강세황의 한시로 구성된 제자와 스승의 합작품인 셈이다.

막걸리가 항아리에 가득하니

강세황이 쓴 한시 아래로 시선을 돌려보자. 큰 소나무 뒤편으로 두 채의 기와집이 보인다.❹ 싸리나무로 만든 대문의 좌우에는 초가집이 각각 두 채, 한 채 있다. 이 초가집들은 개상질하는 하인들의 집으로 여겨진다. 집으로 향하는 길을 돌로 돋워서 타작 마당과 구분해놓았다.

그 앞에 강세황이 "수확을 감독하는 저 사람"이라고 묘사한 사대부 남성이 앉아 있다.❺ 그는 양태가 넓은 갓과, 날씨가 쌀쌀했는지 머리에서 목덜미까지 덮는 방한모를 썼다. 조선시대 방한

모 중 '휘항揮項'은 머리에서 어깨까지 덮을 만큼 길었지만, 그림의 감독자가 쓴 휘항은 그리 길지 않아 보인다. 도포까지 차려입고선 땅바닥에 볏짚으로 만든 자리를 깔고 앉은 그는 책상다리를 하고 허리를 꼿꼿하게 세웠다. 강세황은 근엄한 표정과 부채까지 쥔 모습을 보고 이 사람을 감독자라고 했을 것 같다.

그런데 강세황은 왜 "흥취가 넉넉하다"라고 했을까? 바로 그가 수확한 벼 이삭을 가져갈 논 주인, 곧 지주이기 때문이 아닐까? 그의 앞에는 오지항아리와 술잔, 그리고 도시락 바구니가 놓여 있다. 강세황은 이 항아리에 탁주, 곧 막걸리가 들었다고 보았다. 도시락 바구니에는 안주로 먹을 마른반찬이 들어 있을 것이다. 추수철 벼 수확은 지주에게 큰 기쁨일 테지만 개상질하고 있는 그림 속 하인들에게도 그랬을까? 대부분의 수확물을 주인이 가져가도 그들은 항의 한마디 뱉기가 어려웠다. 혹시 이 중에 소작인이 있다면, 그나마 그는 수확한 벼 이삭의 10분의 1 정도를 집에 가져갈 수 있었을지 모른다. 조선 후기에는 빈부격차가 날로 심해져 '천석꾼'이라는 말이 등장할 만큼 극소수의 지주가 점

점 배를 불렸지만, 대부분의 농민은 가난에 굶주려야 했다.

강세황은 고위 관료들을 많이 배출한 사대부 집안의 후손이었다. 하지만 이 말이 곧 강세황이 오로지 지배층의 입장에 섰다는 말은 아니다. 그의 형 강세윤姜世胤(1684~1741)이 1728년(영조 4) 무신란戊申亂(영조의 즉위를 반대한 이인좌, 정희량 등의 소론과 남인 일부 세력이 주도한 반란)에 연루된 혐의로 유배되자, 강세황의 집안 형편은 급격하게 기울었다. 결국 강세황은 1744년부터 약 30년간 지금의 경기도 안산에 칩거해 살았다.

강세황은 스스로 "가슴에 수천 권의 책을 품었고, 붓으로는 오악五嶽(세상 전체)을 흔든다"라고 설명할 정도로 학문과 예술의 수준이 매우 높았지만 가난으로 오랫동안 큰 뜻을 펼 수 없었다. 이러한 삶의 배경을 가지고 있었던 강세황은 제자의 그림을 보면서 18세기 조선의 빈부격차와 부조리함을 개탄하고, 지주의 모습을 "흥취가 넉넉하다"라고 비꼬아 묘사한 것은 아닐까? 김홍도도 강세황의 심정을 알았는지, 그림의 하단에 두 사람이 타작 모습을 바라보면서 수군거리는 장면을 그려 넣지 않았을까?❻

〈김매기 때 들밥 내오다水耘饁出〉
김홍도, 《풍속도 8폭병풍風俗圖八幅屛風》, 1795년, 100×39cm, 국립중앙박물관 소장.

08

힘든 김매기에 푸짐한 새참 먹어보자

그림의 하단을 보니 세 사람이 논두렁을 따라 걸어가고 있다. 그 중 무릎까지 걷어 올린 무명 바지와 저고리를 입은 남성이 어깨에 지게를 진 채 지팡이를 짚으며 앞서간다. 다리가 짧은 지게에는 적지 않은 물건이 담긴 듯하다. 먼지가 들어가지 않도록 하얀 무명 보자기를 덮은 것으로 보아 음식일 테다. 뒤따르는 아낙은 머리에 작은 상을 모자처럼 쓰고 그 위에 대나무 광주리를 얹었다. 광주리에는 오지항아리 하나와 사발을 비롯한 사기그릇 5개가 놓였다. 아낙의 뒤에서는 큰 오지항아리를 가슴에 안은 더벅머리의 아이가 따라오고 있다.

눈을 오른쪽 대각선 방향으로 돌리면, 일곱 명의 농부가 바지를 무릎까지 걷고서 머리를 논에 박고 농사일에 열중이다. 그중 두 사람은 대오리로 엮은 패랭이를 썼다. 맨 오른쪽에 농립農笠(삿갓)을 쓴 농부는 허리를 펴고서 오른손에 쥔 호미를 들여다보고 있다. 다시 시선을 위로 옮기면 농부 네 명이 허리를 깊이 숙인 채 일하고 있다.

논 사이에 난 길에는 정자관程子冠을 쓰고 오른 다리에 긴 담뱃대를 얹어둔 노인이 일하는 농부들을 지켜보고 있다. 뙤약볕을 피하려고 무명천으로 차양까지 치고 앉은 품새로 보아 이 논의 사대부 지주인 듯하다. 옆에는 손자로 보이는 어린아이가 책상머리에 앉아 소리 내어 책을 읽고 있다. 이 사대부 할아버지는 과거 시험을 준비하는 손자의 과외 선생이었나 보다.

논갈이에서 김매기까지

이 그림은 김홍도가 1795년(정조 19) 만 50세 때 충청도 연풍延豊(지금의 충청북도 괴산군 연풍면)의 현감을 지내면서 그린 것이다. 1778년의 '행려풍속도', 곧《김홍도필 행려풍속도 8폭병풍》에 비해 산수화의 기법이 많이 들어갔는데, 사또가 된 김홍도가 그전보다 더 선비의 화풍에 기울었던 결과로 보인다. 화풍뿐만 아니라 주제 역시 1778년 것과는 다르다. 학자들은 1778년의 '행려풍속도'와 구분하기 위해 이 병풍을《풍속도 8폭병풍》이라고 부른다. 그림 8폭의 주제는 다음과 같다.

① 진두과객津頭過客, 나루터의 과객

② 춘일우경春日牛耕, 봄날 소의 밭갈이

③ 수운엽출水耘饁出, 김매기 때 들밥 내오다

④ 마상청앵馬上聽鶯, 말 타고 듣는 꾀꼬리 소리

⑤ 해암타어海巖打魚, 해변 암벽에서 고기잡이하다

⑥ 노방노파路傍罏婆, 길가에서 술 파는 노파

⑦ 모정풍류茅亭風流, 정자의 풍류

⑧ 관인원행官人遠行, 관리의 행차

지금 보는 그림은 바로 《풍속도 8폭병풍》 중 제3폭이다. 실제 그림에는 제목이 없으나 학자들은 그림의 제목을 '수운엽출'이라고 부른다. 그 의미를 풀어보면 '김매기 때 들밥 내오다' 정도가 될 것이다. 일하는 농부와 감시하는 지주, 그리고 들밥을 내오는 일꾼들이 절묘하게 배치되어 마치 사진을 보는 듯하다.

조선시대 농사일 중에서 으뜸은 벼농사였다. 당시 사람들이 가장 배불리 먹고 싶은 곡물은 쌀이었다. 또 벼로 세금도 냈고 다른 물건도 살 수 있었으니 벼는 곧 돈이나 다름없었다. 그래서 논을 가진 지주는 하인이나 소작인을 부려 벼농사를 짓는 데 열중했다.

벼농사에서 가장 고생스러운 일은 논갈이와 김매기였다. 소가 갈아놓은 땅에 겨우내 마련한 퇴비를 내는 논갈이는 겨울 동안 비축해둔 힘이 절반도 넘게 드는 일이었다. 논을 갈고 곡우穀雨(양력 4월 20일경) 무렵에는 모판에 볍씨를 뿌리는 볍씨치기를 함으로써 한 해의 농사가 본격적으로 시작되었다.

그러나 볍씨치기를 잘했다고 해서 풍년이 보장되는 것은 아니었다. 벼가 자라면서 주위에 바랭이, 보풀, 줄풀, 피, 가래와 같은 잡초도 함께 자라기 때문에 수시로 이것들을 솎아내야 했다. 보통 하지夏至(양력 6월 21일경) 전후에 애벌 김매기를, 그로부터 15일 후인 소서小暑(양력 7월 7일경) 전후에 두벌 김매기를, 그리고 그 이후에도 수시로 김매기를 하지 않으면 잡초에 영양분을 빼앗겨 작물의 생장을 방해해 수확물이 줄어들 수 있다. 땡볕이 내리쬐는 한여름에는 잡초가 기승을 부려 벼를 해치니, 농부는 온종일 논바닥에 엎드리다시피 있어야만 했다.

새참이 온다

그림에서 농부가 들고 있는 호미는 이 그림이 김매기 장면임을 확실하게 알려준다.❶ 농부들은 김매기를 할 때 주로 호미를 사용했다. 농부들은 김을 맬 때 사용하는 호미를 '못놀호미'라고

❶

불렀는데, 생김새가 다른 호미에 비해 입이 뾰족하여 흙을 찍고 긁으면서 당기면 흙이 잘 뒤집혀서 김매기에 안성맞춤이었다. 그림의 것도 이처럼 생겼다. 김매기는 한자로 '운耘', '누耨', '서예鋤穢' 등으로 쓰며, 이 중에서도 '서예'는 '호미로 잡초를 제거한다'는 뜻이다.

애벌 김매기를 할 때의 더위는 그런대로 이겨낼 수 있었다. 하지만 두벌 김매기를 할 때는 양력 7~8월의 복중伏中이라 해가 무척 뜨겁고 길었다. 게다가 작업 기간이 짧게는 10일에서 길게는 한 달까지 이어졌으니, 몸집이 좋은 사람도 두벌 김매기가 끝나면 삐쩍 말라버리는 지경에 이르렀다. 농부들은 두벌 김매기의 노동 강도를 두고 "등짝이 땅바닥에 붙는다"라고 표현할 정도였다.

이러니 김맬 때 농부들은 새참 시간을 애타게 기다렸다. 겨울에는 보통 두 끼만 먹고도 하루를 버텼지만 김매기 철이 되면 다섯 끼를 먹어도 배가 부르지 않았다. 그림에서 사내와 아낙, 그리고 아이가 들고 오는 물건이 모두 음식과 술이었음을 짐작하고도 남는다. 길을 앞서가는 사내의 지게에는 농부들이 먹을 밥과 반찬이 들어 있을 것이다.❷ 거창할 것 없이 밥 한 그릇에 짠맛이

❷

나는 반찬 한두 가지만 있어도 농부의 새참으로 충분했다. 그것도 간편하게 각자 큰 사발 하나씩을 들고서 해치웠다. 김득신, 김홍도, 조영석 등이 그린 농부들이 점심을 먹는 장면에서 그 모습을 확인할 수 있다. 그들이 그린 그림은 하나같이 사진처럼 생생하다. 지게 멘 사내를 뒤따르는 아낙은 김매기를 지켜보는 사대부 지주와 손자의 식사를 챙겨서 들고 왔다. 아낙이 머리에 인 개다리소반은 이 어른을 위한 것으로, 광주리의 오지항아리에는 식사 때 곁들여 마실 청주가 들어 있을 듯하다.❸

새참의 으뜸, 막걸리

아낙의 뒤를 따르는 아이가 안고 오는 항아리에는 막걸리가 담겨 있을 것이다.❹ 막걸리는 '농주農酒'라는 별명이 붙을 정도로 농민이 즐겨 마시던 술이었다. 《동아일보》 1939년 1월 15일자 4면에 게재된 황용남黃龍南의 〈농군農軍의 노래〉는 막걸리가 농민의 술임을 강조하고 있다. "좋구나! 우리는 이름이 농군, 맑은 술 독해서 흘려 돌겠나, 막걸리 순해서 마음이 곱소, 뚝배기 넘도록 따라나 보세, 어깨춤 나도록 마셔나 보세, 얼씨구 우리는 이름이 농군." 여기서 '맑은 술'은 청주다. 그림에서 사대부 지주가 마

〈새참〉

조영석, 《사제麝臍》, 18세기 초반, 20.5×24.5cm, 개인 소장.

〈점심〉

전 김홍도, 《단원풍속도첩檀園風俗圖帖》, 19세기 초반, 28×23.9cm, 국립중앙박물관 소장.

〈새참〉의 부분

김득신, 《풍속8곡병風俗八曲屛》, 1815년, 94.7×35.4cm, 호암미술관 소장.

신 술이 바로 청주였을 테다. 청주는 독하기도 하고 비싸서 '사대부의 술'이었다.

하지만 막걸리는 값도 싸고 순해서 농민들이 즐겨 마셨다. 막걸리는 주재료로 멥쌀 중 하급에 속하는 것이나 심지어 부스러진 쌀알인 싸라기를 사용해 빚었다. 조선시대에 밀로 만든 누룩은 귀해서 막걸리 빚는 데는 주로 보리의 싹으로 만든 보리누룩을 사용했다. 여기에 술을 빚은 후 버리는 지게미도 같이 섞여 있어 막걸리 한 잔을 마시면 밥 한 그릇을 먹은 듯 배가 두둑했다. 더욱이 물을 많이 붓고 익히면 술의 도수도 높지 않아 이어지는 노동을 방해하지도 않았다. 이처럼 고된 노동으로 주린 배를 불리고 흐트러진 정신을 붙잡아 주던 막걸리는 새참에서 결코 빠질 수 없는 먹을거리였다.

그러나 시대가 변화하면서 막걸리의 재료와 위상 역시 달라졌다. 1960년대 쌀 부족을 핑계로 정부는 쌀막걸리 생산을 금지했고, 이는 자연스럽게 밀막걸리의 등장을 불러왔다. 1980년대 이후 벼농사가 풍년을 거듭하면서 쌀막걸리가 부활할 수 있었지만,

각종 농기계와 화학비료, 제초제에 의지하며 농사짓는 농민들은 더는 새참으로 막걸리를 마시며 노동의 고됨을 해소하지 않았다. 이제 막걸리는 농민의 술이 아닌 시대가 되었다.

〈길가에서 술 파는 노파路傍爐婆〉
김홍도, 《풍속도 8폭병풍風俗圖八幅屛風》,
1795년, 100×39cm, 국립중앙박물관 소장.

09

길가에 앉아 술 한잔 마시며 사또를 생각하다

새잎이 돋아나기 시작하는 나무들 사이에 비석이 자태를 뽐내듯이 서 있다. 아랫길에는 쓰개치마를 머리에 두른 아낙이 아이를 안고 겸연쩍은 듯이 황소의 등에 올라앉아 지나간다. 그 뒤를 남편으로 보이는 자가 갓과 도포를 걸치고 봇짐 하나를 등에 메고 따른다. 갓끈에 장식이 달린 것으로 보아 지체 높은 사대부 선비로 보인다.

그들 앞에는 두 명의 남녀가 길바닥에 퍼질러 앉은 채 눈길을 돌리고 있다. 트레머리를 한 아낙은 신분이 낮은 늙은 '들병이'로 보인다. 들병이는 병술을 받아서 파는 떠돌이 여성을 가리킨다. 그 옆에서 갓과 두루마기를 갖추어 입은 선비는 술 한 잔으로 들병이와 수작을 부리고 있다.

그림 상단으로 시선을 옮겨보자. 왼쪽에 홍살문(관아·능·묘·원 앞에 세우던 붉게 칠한 나무 문)이 얼핏 보이고 그 오른쪽에는 팔작지붕의 기와집이 여러 채 보인다. 돌로 쌓은 성곽이 이 건물들을 둘러치고 있고 성벽 위로 솟은 기와는 성의 남문으로 보인다. 남문 밖에는 한 사대부가 관아에서 일을 마치고 집으로 돌아가는지 소 등에 짐 보따리를 싣고 막 다리를 건너려 한다. 다리 건너편에는 하인을 대동한 또 다른 사대부 남성이 남문을 향해 걸어온다. 비석 뒤로는 봇짐을 짊어진 나그네가 삿갓을 쓰고 지팡이를 짚으며 남문을 향해 무거운 발걸음을 옮긴다. 성곽에 둘러싸인 관아로 드나드는 사람들의 모습이 바빠 보인다.

큰 읍치에는 소문난 술이 있었다

이 그림은 직전에 소개한 〈김매기 때 들밥 내오다〉가 포함되어 있던 김홍도의 《풍속도 8폭병풍》 제6폭으로, 길가에서 술독을 지키는 노파가 주인공이다. 싸리나무로 엮은 돗자리를 길바닥에 깔고 양반다리를 하고 앉은 할머니는 왼손으로 사기그릇을 감싸고 오른손에 국자를 들었다.❶ 국자는 이미 술독을 뜻하는 '노罏'에 들어가 있다.

노파가 뜨고 있는 술은 무엇일까? 술독이 오지항아리이고 국자로 퍼내고 있는 것으로 보아 '맑은 술'이라고도 불렸던 청주로 여겨진다. 그중에서도 밑술을 빚고 나서 술이 익기를 기다렸다가 다시 주재료와 누룩을 넣어 만든 청주를 바로 '이양주'라고 한다.

청주를 뜰 때는 술독 아래에 가라앉아 있는 술지게미를 건드리지 않도록 조심해야 하는데, 자칫하면 맑은 술이 아니라 탁한 술이 될 수 있기 때문이다.

다시 그림을 들여다보자. 노파가 앉아 있는 자리 윗길에 비석 세 기가 서 있다.❷ 그중 가운데 비석만 나무에 가려서 글자가 보이지 않고 나머지 두 비석에 쓰인 글자는 분명하게 알아볼 수 있다. 가장 왼쪽 비석에는 "목사이공선정비牧使李公善政碑"라는 글자가, 오른쪽에는 "관찰사김상공영세불망선정비관찰사觀察察使金相公永世不忘善政碑"라는 글자가 새겨져 있다. 오른쪽 비석은 머리에 용의 모양을 아로새긴 화려한 이수螭首도 갖췄다.

따라서 그림에 보이는 성곽은 관찰사觀察使나 목사牧使가 머무는 관아官衙 건물임을 알 수 있다. 관찰사는 임금이 각 도道에 파견하여 지방의 통치 책임을 맡았던 최고의 지방 장관이며, 목사는 도 아래의 행정단위인 목牧을 맡아 다스린 정3품의 관리다. 조선시대 고을 수령의 업무 공간인 관아가 있는 곳을 '읍치邑治'라고 불렀다. 읍치 중에서도 그림처럼 성곽을 둘러쳐 군사적 경계를 만든 곳은 관찰사나 목사가 머무는 곳이 대부분이었다.

청명주는 청주 중에서도 으뜸으로 여겨졌는데, 청명주로 유명한 지역은 모두 성곽에 둘러싸인 읍치였다. 이규경李圭景(1788~?)은 《오주연문장전산고五洲衍文長箋散稿》에서 전국에서 이름난 청명주로 평양平壤의 감홍로甘紅露, 한산韓山(지금의 충청남도 서천군 한산면)의 소국주小麴酒, 여산礪山(지금의 전라북도 익산)의 호산춘壺山春, 홍천洪川(지금의 강원도 홍천군)의 백주白酒를 꼽았다.

감홍로로 이름난 평양은 조선시대 서북 지역을 관할하던 평안감사, 곧 관찰사가 머물던 곳이다. 감홍로는 일반 청명주와 제조과정이 거의 유사하나, 용안육·진피·방풍·정향 등을 가루 내어 비단 주머니에 넣고 술이 거의 괴어갈 무렵에 술독에 넣어서 만든다는 것이 차이점이다. 맛이 달고 붉은빛을 띠어서 '감홍'이라는 이름이 붙여졌다.

소국주로 이름난 한산은 조선시대 과거 급제자를 많이 배출한 읍치였다. 지금 한산에서는 소국주를 '소곡주'라고 부르는데 아마도 발음을 편하게 하다 보니 그렇게 된 듯하다. 1979년 충청남도 무형문화재 제3호로 지정된 김영신金永愼이 소개한 한산 소곡주 제조법은 다음과 같다. 먼저 통밀을 한 시간쯤 물에 불려 맷돌로 곱게 갈고 이를 틀에 담아 누룩을 만든 후, 따뜻한 온돌 아랫목에서 20여 일 동안 띄운다. 이후 꺼내어 이틀 정도 밤이슬을 맞혀 누룩 냄새를 없앤다. 이렇게 빚은 누룩을 물에 풀어 효소를 추출한 뒤 이 추출액과 묽은 멥쌀 죽을 혼합하여 밑술을 만든다. 찹쌀로 고두밥을 지어 식힌 후 밑술과 섞어서 큰 독에 담는다. 여기에 엿기름가루 세 홉, 고추 열 개, 생강 열 뿌리, 말린 들국화 한

움큼을 넣고, 창호지로 입구를 막은 후 뚜껑을 덮어 100일 정도 익힌다. 100일이 지난 뒤 독을 열어보면 끈끈하고 샛노란 술이 젓가락 끝에 들러붙는다.

전라도에서 한양으로 올라오는 길목에 자리 잡은 여산 역시 읍치였다. 여산은 다른 이름으로 '호산'이라고 불렸다. 호산춘의 '춘春'은 술 '주酒'와 같은 뜻의 한자다. 곧 여산에서 담근 술이 호산춘이다. 호산춘은 밑술을 만들고 나서 13일 후에 술밥을 넣고, 다시 13일이 지난 다음에 술밥을 넣으므로 삼양주이다. 마지막으로 강원도에서 한양으로 가는 길목에 있는 홍천의 '백주'는 술이 투명해서 붙여진 청명주의 다른 이름이다. 이규경이 소개했던 전국의 이름난 청명주는 그림과 같이 관찰사나 목사가 다스리던 읍치를 드나드는 사람들의 입맛을 사로잡았던 모양이다.

고을 명주, 청명주 빚기

17세기에 지금의 경기도 안산에 머물면서 많은 제자를 양성했던 이익李瀷(1681~1763)은 청명주를 자신이 가장 좋아하는 술로 꼽았다. 그러면서 자신의 사촌 형인 이진李溍이 알려준 청명주 제조법을 다음과 같이 적어놓았다. "봄철 청명淸明(양력 4월 5일경)에 찹쌀 두 말을 여러 번 깨끗이 씻어서 사흘 동안 물에 담가둔다. 별도로 찹쌀 두 되를 물에 담갔다가 불으면 먼저 건져서 가루로 만든 다음, 두 말쯤 되는 물에 타서 누그름하게 죽을 끓인다. 이 죽이 식은 후에 좋은 누룩가루 한 되와 밀가루 두 되를 술독에 넣고, 동쪽으로 뻗은 복숭아 가지를 꺾어 휘휘 저어 사흘 동안 덮어 둔다."

이익은 복숭아 가지로 죽을 저어야 하는 이유를 별도로 설명하지 않았다. 다만 당시 사람들은 동쪽으로 뻗은 복숭아 가지가 나쁜 기운을 물리친다고 믿었으니, 술이 잘 익기를 바라는 마음에서 비롯됐을 것이다.

이어서 이익은 "술이 된 후에는 체로 걸러서 찌꺼기를 버리고 술만 독에 넣는데, 여기에 겉물은 보태지 않는다. 전날에 담가둔 두 말의 쌀을 건져 술밥을 만들고, 이를 식기 전에 함께 술독에 넣어 시원한 곳에 두고 뚜껑을 덮어둔다. 그러나 너무 춥거나 햇빛이 비치는 곳은 피해야 한다. 이렇게 해서 스무하루가 지나면 비로소 술이 익는데 맛이 매우 달고 진하다"라고 적었다.

이익이 소개한 이양주든 이규경이 꼽은 호산춘 삼양주든 청명 때 빚는 청주는 모두 청명주였다. 주당들은 맛이 달고 진한 청명주를 한번 입에 대면 멈출 줄 몰랐고, 이렇게 마시다 보면 결국 술에 취해 일어나지 못할 지경에 이르렀다. 사람들은 이런 술을 '앉은뱅이 술'이라고 불렀다.

조선시대의 지방조직은 군현제郡縣制로 운영되었다. 곧 행정조직을 중심으로 읍치가 형성됐고, 고을에는 관아에서 일하는 지방 중인과 노비 들이 주로 거주했다. 겨우 평양, 송도(지금의 개성), 대구, 전주 등의 고을에만 민가가 몇 채 있을 뿐이었으니 요사이의

도시처럼 상점들이 즐비하게 자리 잡은 상업지역 풍경과는 거리가 멀었다. 지방의 수령이었던 관찰사나 부사, 목사, 군수, 현령, 현감 등은 왕의 대리자로서 각 지방의 전권을 쥐고 있었다. 행정, 사법, 군사에 걸쳐 모든 권한을 가지고 있었으므로 사대부든 일반 백성이든 사람들 사이에서 문제나 갈등이 생기면 반드시 지방 수령을 찾아가야 했다. 그림 속 과객은 이렇게 관아를 들렀다가 귀갓길에 읍치의 남문을 나오면서 들병이가 건넨 청명주에 넘어가 길바닥에 퍼질러 앉아 있는 것이 아닐까?❸

〈**강변회음**江邊會飮〉
김득신, 18세기 후반, 22.4×27cm, 간송미술관 소장.

10

어부의 점심에 숭어가 올라오다

강가 버드나무 그늘에 배를 묶어놓고 사람들이 모여 앉았다. 이들이 둘러앉은 자리 한복판에는 접시가 놓였고, 이 접시에는 생선 한 마리가 통째로 드러누워 있다. 생선을 두고 가운데 한 사람은 젓가락질하려 들고, 다른 한 사람은 이미 젓가락으로 생선 살 한 점을 집어 입에 넣고 있다. 이들 양옆의 사내도 사기그릇에서 무언가를 집는 중이다.

등을 보이고 앉은 아이는 어른들이 생선 먹는 모습을 지켜보며 왼손에 작은 사기그릇을 받쳐 들었다. 둘러앉은 네 사람의 뒤쪽에도 어른 두 명이 자리를 잡았다. 배 쪽에 앉은 사람은 왼손으로 술병을 쥔 채 술 한 잔을 들이켜며 감미로운 맛을 즐기고 있다. 또 다른 한 사람은 이미 배를 채웠는지 무릎을 세우고 앉아서 이들의 모습을 묵묵히 지켜본다. 수양버들 뒤에 숨은 아이 하나가 어른들 틈에 앉은 다른 아이를 바라보고 있다.

배가 생선을 잡는 어선인 것으로 보아 그림 속에 등장하는 여섯 명의 어른은 어부들이다. 하지만 그 크기가 매우 작아 저들이 다 탈 수 있을지 의문이 든다. 배 뒤쪽엔 대나무로 만든 큰 덮개를 씌워놓았고 덮개가 바람에 날아가지 않도록 지붕 위에 무거운 돌덩이도 올려두었다. 배 한쪽에 꽂아놓은 대나무 낚싯대에는 왜가리 다섯 마리가 아슬아슬 앉았다 날아가기를 거듭한다.

18~19세기 화원 명문가, 개성 김씨 집안

이 그림은 정조 연간에 활동했던 김득신金得臣(1754?~1822)의 작품이다. 조선 후기 풍속화에 조금이라도 관심이 있는 사람이면 김득신이 김홍도, 신윤복과 함께 조선의 3대 풍속화가라는 사실쯤은 잘 알 테다. 김홍도가 기록화에 비견될 정도로 잘 짜인 구도의 풍속화를 그렸다면, 김득신은 사람들의 자연스러운 일상 풍경에 해학을 담으려 노력했다. 이 그림도 등장인물들의 행위와 시선이 제각각이다. 더욱이 수양버들 뒤에 이들을 바라보는 한 아이의 모습을 담아 더욱 재미있다.❶

김득신의 개성 김씨 집안은 18세기 중반 이전까지 서리, 의관, 역관 등을 배출한 기술직 중인 가문이었다. 김득신의 큰아버지 김응환金應煥(1742~1789)이 처음으로 도화서의 화원이 된 이래로 이 집안은 3대에 걸쳐 여러 화가를 배출했다. 이렇게 김득신 집안에

화원이 많았던 이유는 개성 김씨 가문이 김응환을 시작으로 당시 화원으로 이름난 집안과 혼인을 맺었기 때문이다. 김응환의 부인은 인동 장씨 출신이고, 김응환의 동생 김응리金應履(?~?)의 부인은 신평 한씨 출신이다. 인동 장씨와 신평 한씨 집안은 당시 가장 많은 화원을 배출한 가문이었다. 김득신은 김응리의 큰아들로, 이런 환경에서 태어나고 자랐으니 화원의 길을 걸을 수밖에 없었을지도 모른다. 김득신은 물론이고 그의 동생이면서 김응환의 양자로 간 김석신金碩臣, 막냇동생 김양신金良臣이 모두 화원의 삶을 살았다.

문헌상 김득신은 1772년(영조 48)에 편찬된 《육상궁시호도감의궤毓祥宮諡號都監儀軌》에서 화원 중 한 명으로 나온다. 근대 서예가 오세창吳世昌(1864~1953)은 《근역서화징槿域書畫徵》에서 김득신이 1754년(영조 30)에 출생했다고 적었다. 그렇다면 이르면 만 18세의 나이에 화원이 되었다는 말이 된다. 큰아버지 김응환이 1742년생임을 감안하면 김득신이 1754년생이라는 오세창의 기록은 의아스럽지만, 그럼에도 김득신이 어린 나이부터 도화서에서 화가

〈김득신필 팔기도金得臣筆八枝圖〉의 일부

김득신, 18세기 후반, 각 107.9×29.1cm, 국립중앙박물관 소장.

로 일했음을 부정할 수는 없다.

뛰어난 실력과 유명세에 비해 김득신의 그림은 많이 남아 있지 않다. 왕실 행사의 기록화 작업에 주로 참여하여, 개인적인 부탁으로 그린 그림이 적었기 때문으로 여겨진다. 후대의 학자들은 김득신이 초기작과 산수화에서는 정선鄭敾(1676~1759)의 제자 심사정沈師正(1707~1769)과 김응환의 영향을, 인물화와 풍속화에서는 김홍도의 영향을 받았다고 평가한다. 실제로 큰아버지 김응환과 김홍도는 매우 친한 사이였다. 그래서 김득신은 어릴 때부터 김홍도를 만날 기회가 많았고, 자연히 그림 지도도 받았을 가능성이 크다. 다만 김득신의 풍속화는 공간을 넓게 사용하며 필치는 느슨하고 가늘어, 김홍도의 작품에 비해 가냘프고 약하다는 평가를 받기도 한다.

'빼어난 생선'
숭어

김득신이 그린 〈강변회음〉을 다시 한번 살펴보자. 우선 그림에서 왜가리가 노니는 모습으로 보아, 때는 여름에 가까운 것으로 보인다.❷ 보통 습지나 강가에서 개구리나 물고기를 잡아먹고 사는 왜가리는 원래 한반도 전역에 걸쳐 번식하는 여름새다. 지금이야 환경오염으로 번식지가 천연기념물로 지정될 정도로 왜가리를 보기 어렵지만 예전에는 그렇지 않았다. 사람들의 옷매무새

를 보아 여름이 막 지나가는 즈음이 아닐까 추측해 본다. 따라서 이 그림은 늦여름에 생선을 잡으러 강변에 나온 어부들이 새참을 먹고 있는 장면이다.

그렇다면 이들이 먹고 있는 생선은 무엇일까?❸ 대강의 생김새로 미루어 짐작해보면 숭어일 가능성이 크다. 김득신보다 앞서 살았고 영조 때 의관을 지냈던 유중림은《증보산림경제》에서 숭어를 두고 "8월부터 이듬해 2월까지 먹을 만하지만 나머지 달에는 맛이 없다"라고 했다. 또한 백과사전에서는 숭어의 모양을 다음과 같이 설명한다. "숭어는 머리 위가 편평하고 위턱이 아래턱보다 조금 짧다. 비늘은 약간 크고 둥글다. 몸빛은 등 쪽은 회청

색이고 배 쪽은 은백색이다. 몸길이는 80센티미터 정도이다." 마치 그림 속의 생선을 묘사해놓은 듯하다. 그러니 어부들이 늦여름, 곧 음력 8월쯤에 잡은 맛있는 숭어를 먹고 있을 가능성이 더욱 커 보인다.

숭어는 한자로 '치어鯔魚', '수어水魚', '수어秀魚' 등으로 적었다. 그중 '빼어난 생선'이란 뜻의 '수어秀魚'가 가장 널리 쓰였다. 맛이 뛰어나기도 하지만 진흙을 먹고 자란 숭어가 비위脾胃(지라와 위)에 특히 좋아 약재로도 으뜸으로 쓰였기 때문일 테다. 바닷물고기인 숭어는 음력 4월쯤이 되면 산란을 위해 바다와 강이 만나는 지점에 많이 나타나며 간혹 강물을 거슬러 올라가기도 한다.

숭어 요리법

그렇다면 그림 속 사람들은 숭어를 어떻게 요리해 먹었을까? 유중림은《증보산림경제》에서 숭어에 대해 "탕을 만들거나 회를 치거나 구이를 하거나 소금에 절이거나 알맞지 않은 것이 없다"라고 적었다. 그림으로 보아 탕은 아니다. 생선의 형태가 그대로 남아 있으니 회를 쳤다고 보기도 어렵다. 만약 막 잡은 숭어라면 구이를 했을 것이고, 집을 나서기 전에 미리 마련해 간 것이라면 소금에 절여서 꾸덕꾸덕 말린 다음 뜨거운 수증기로 쪄낸 찜일 가능성이 크다.

숭어구이 요리법은 김득신이 살았던 시기 전후에 쓰인 문헌에서는 찾을 수 없다. 다만 1924년 초판이 출간되고 수차례 재판을 찍을 만큼 인기 있었던 《증보조선무쌍신식요리제법增補朝鮮無雙新式料理製法》이라는 책에 '숭어구이秀魚炙' 요리법이 나온다. "큰 숭어는 작은 숭어보다 맛이 낫고 민어구이법과 같이 여러 가지 방법으로 구워 먹으면 민어구이보다 상등이고 껍질이 있어도 좋으니라." 여기에서 껍질을 벗기지 않고 구워도 맛이 좋다는 말에 주목해야 한다. 그림에서도 숭어의 껍질이 그대로 묘사되어 있기 때문이다. 조선시대 요리책에서는 생선구이 방법으로, 생선의 입부터 꼬리까지 꼬챙이에 꿰어 화롯가에 두고 불을 간접적으로 쬐게 한다고 설명하고 있다. 그러나 그림에서 생선의 입이 원래 상태에서 크게 달라지지 않은 것으로 보아 굽지는 않은 듯하다.

사실 18~19세기 사람들은 생선을 굽기보다 찌기를 더 잘했다. 먼저 숭어의 내장을 들어낸 후 흐르는 물에 깨끗하게 씻는다. 여기에 소금으로 간을 하고 하루쯤 체에 밭쳐 그늘진 곳에서 말린다. 이것을 솥 위에 올린 시루에 넣고 약한 불로 찌면 식어도 그 맛이 일품이다. 당연히 어두육미魚頭肉尾라 하여 생선은 머리가 맛있으므로 절대 머리를 떼어내지 않았다.

만약 소금에 절여서 꾸덕꾸덕 말렸다면 이 숭어는 방금 잡은 생선이 아니다. 그림의 어부들이 집을 나서기 전에 부인들이 미리 숭어를 찌고, 밥도 마련하고, 술도 항아리에 담아 주었을 것이다. 어부 두 사람 앞에는 밥이 담겼을 큰 사발이 놓였다. 숭어찜은 소금으로 간했으므로 짭짤하여 밥반찬으로 안성맞춤이었을 것이다. 이 모든 것은 하나의 가정에 지나지 않지만 굽거나 찐 숭어가 어부들 새참의 주인공임은 틀림없어 보인다.

2001년 무렵 지금의 고양시 행주외동에 살던 여든 넘은 어부 몇 분을 만나 식민지 시기 한강에서 이루어진 어업 양상에 대해 들은 적이 있다. 그때 나는 김득신의 〈강변회음〉을 떠올렸다. 당시 음력 4월이면 행주나루 근처에서 숭어잡이가 한창이었고, 일반적인 낚시를 하기도 했으나 많은 양을 잡기 위해선 주로 그물을 이용했다고 한다.

하지만 당시의 그물은 지금처럼 나일론이 아닌 명주실로 짠 것이라 그 내구성과 모양새가 조악하기 그지없었다. 그물에 생선이 들어오면 물 위에서 알아볼 수 있도록 약 1.8미터 간격으로 오동나무 찌, 곧 부자浮子를 매달고, 그 사이에 굴참나무 껍질로 만든 뜸(그물이나 낚싯줄이 물 위로 떠올라 지탱하는 데 쓰는 어구로, '그물버굿'이라고도 부른다)을 달았다. 그물의 하단에는 납덩이가 아닌 흙으로 그물톳(그물이나 낚싯줄이 물속의 바닥으로 가라앉도록 하는 데 쓰는 어구로, '발돌'이라고도 부른다)을 만들어 매달았다. 그물톳은 점토로 밤알이나 송편 같은 모양을 만든 다음 젓가락으로 양쪽에 홈을 낸 뒤, 장작불에 구워 만들었다. 이렇게 완성된 그물망의 너비는 4.5센티미터쯤 되었다. 그러나 김득신의 그림에는 그물이 보이지 않는다. 아직 숭어가 떼를 지어 오는 철이 아니었기에, 대나무 낚싯대를 이용해 잡아도 충분했던 것이 아닐까?

〈봉수당진찬도奉壽堂進饌
김득신 외,
《화성능행도병華城陵幸圖屛》
1795년, 151.5×66.4cm
국립중앙박물관 소장.

11

혜경궁의 회갑 잔치를 올리고 장수를 기원하다

1795년(정조 19) 음력 2월 윤달 13일(양력 4월 2일), 화성행궁의 봉수당奉壽堂에서 정조의 어머니 헌경왕후獻敬王后 혜경궁惠慶宮 홍씨(1735~1815)를 위한 회갑 잔치가 열렸다. 잔치의 풍경을 상세히 담고 있는 그림을 차근차근 살펴보자.

정조는 어머니 혜경궁의 장수를 기원하여 건물의 이름을 '봉수당'이라 짓고 현판 글씨도 직접 썼다. 그림에서 맨 위에 보이는 건물이 바로 봉수당이다. 안마당에는 대청마루의 높이와 같도록 만든 나무 마루가 넓게 깔렸고, 동쪽, 서쪽, 남쪽에 칸막이벽을 둘러 세웠다. 대청마루를 향해 난 문은 5개인데, 그중 맨 오른쪽 방문이 열려 있다. 방 안에는 십장생이 그려진 병풍이 문 쪽에만 틈을 낸 채 사방으로 둘러쳐졌다.❶ 이곳은 이날 행사의 주인공인 혜경궁 홍씨의 자리다. 하지만 임금의 어머니를 그림에 담을 수 없으므로, 인물은 물론 음식을 차린 상과 바닥에 깔렸을 연

꽃무늬 방석도 모두 생략되어 있다.

대청마루로 나와서 그림의 가장 왼쪽 담벼락 아래로 시선을 옮겨보자. 바닥에 표피 방석이 놓인 것으로 보아 이곳이 바로 정조의 자리임을 알 수 있지만, 역시 인물을 직접 그려놓진 않았다.❷ 정조의 자리 주위로 병풍이 둘러 있고 그 앞에는 붉게 옻칠한 원반이 3개 놓였다. 그중 가운데에 놓인 상은 좌우의 상에 비해 그 크기도 작고, 차려진 음식의 가짓수도 적다. 상 앞에는 예복을 갖춰 입은 나인 네 명이 각각 서거나 무릎을 꿇고 앉아 있다. 이들의 머리에는 붉은색의 종이꽃인 수공화首拱花가 꽂혔다.

정조가 1795년 4월 신도시 화성에 간 이유

정조는 조선시대 어떤 임금보다도 행행行幸, 즉 궁궐 밖 나들이를 자주 다녔다. 재위 24년 동안 66회나 행행했으니, 1년에 평균

3회 가까이 한 셈이다. 그중에서도 지금의 화성 동쪽에 위치한 아버지 사도세자(장헌세자莊獻世子, 1735~1762)의 무덤 현륭원顯隆園 참배가 절반을 차지했다. 정조는 억울하게 죽은 아버지에 대한 연민과 그 고통을 온몸으로 이겨낸 어머니에 대한 효성을 잦은 행행으로 표현하고자 했던 것이다.

특히 1795년은 정조에게 매우 의미 있는 해였다. 왕위에 오른 지 20년이 된 때이면서 할머니 정순왕후貞純王后(영조의 계비, 1745~1805)가 만 50세, 즉 망륙望六에 든 때였다. 무엇보다도 아버지 사도세자와 어머니 혜경궁 홍씨가 회갑을 맞는 해였다. 사실 돌아가신 아버지의 생신은 음력 1월 21일로 창덕궁의 경모궁景慕宮에서 이미 제사를 지냈고, 혜경궁 홍씨의 생신은 음력 6월 18일로 회갑 당일에 창경궁 연희당延禧堂에서 본 잔치를 열었다. 정조는 아버지와 어머니의 생신 사이인 양력 4월을 맞이해 혜경궁 홍씨의 회갑연을 열어, 자신이 공들여 건설한 신도시 화성에서 새로운 꿈을 천하에 알리고 싶었던 듯하다.

정조는 3월 29일에 어머니를 모시고 창덕궁을 출발하여 지금의 서울시 금천구에 있던 시흥행궁始興行宮에서 하룻밤을 묵었다. 다음 날 30일 저녁 무렵, 화성에 마련해 둔 행궁에 도착했다. 31일 정조는 향교를 참배하고 화성행궁에서 문과와 무과로 나누어 진행된 과거시험을 주관했다. 4월 1일에는 어머니를 모시고 현륭원을 참배했으며, 같은 날 오후 서장대西將臺(장수가 올라서서 지휘할 수 있도록 높이 만들어놓은 대)에 올라 다음 날 새벽까지 주야간 훈련을 보았다. 그리고 4월 2일 오전 8시부터 봉수당에서 어머니의 회갑 잔치가 열렸다.

1795년은 간지干支로 을묘년乙卯年이었기에 이 행차를 '을묘원행乙卯園幸'이라고 불렀다. 정조는 행사의 상세한 절차와 내용을 정리하여 책을 편찬토록 지시했고, 원행이 끝나고 약 1년이 지난 1796년 음력 3월 정리소整理所에서 《원행을묘정리의궤園幸乙卯整理儀軌》가 간행됐다. 의궤에는 정조의 을묘원행 결정 과정에서부터 준비 내용, 여정, 행사 절차, 참여자 등을 매우 상세하게 기록했을 뿐만 아니라, 행사의 무용과 기물 등을 그린 '도식圖式'이 포함되어 그림으로도 행사의 전모를 알 수 있도록 했다.

또한 정조는 김득신을 비롯한 화원 7명에게 주요 장면을 채색화로 그려 8폭짜리 병풍을 제작하도록 지시했다. 그 수량도 큰 병풍이 16좌, 중간 병풍이 5좌나 되었다. 그중 몇 좌가 오늘날까지 전해져서 의궤의 기록과 함께 마치 사진을 보듯이 당시의 행사를 상상할 수 있다.

혜경궁이 받은 봉수당의 회갑상

왕이나 왕대비의 생일 중 특별히 기념할 의의가 있을 때는 궁중에서 큰 잔치를 열었다. 이를 다시 규모에 따라 큰 잔치를 '진연', 작은 잔치를 '진찬'이라고 불렀다. 그리고 진연과 진찬이 열리면 반드시 의궤를 만들어 행사의 전모를 기록으로 남겼다. 의궤에는 음식의 종류·재료·분량과 지화의 종류·모양·개수를 적은 '찬품饌品', 음식을 차리는 데 쓰인 그릇과 식탁 등의 종류를 비롯하여 행사에 쓰인 모든 기물의 종류와 재료를 적은 '기용器用', 그리고 행사에 쓰인 병풍·방석 등의 종류를 적은 '배설排設' 등이 포함된다. 《원행을묘정리의궤》 제4권에 이 내용이 나온다.

혜경궁 홍씨가 봉수당에서 받은 회갑상에는 엄청나게 많은 음식이 올랐다. 《원행을묘정리의궤》의 〈찬품〉에 따르면 무려 70개의 그릇이 검은색으로 옻칠한 원반 하나에 차려졌다고 했다. 가장 먼저 언급되는 음식은 '각색병各色餠'이다. 각색병은 꿀을 넣은 백설기, 석이버섯을 넣은 석이병, 4가지 색의 인절미, 7가지 색의 주악 등 종류만 해도 9가지나 되는 떡으로, 1척尺 5촌寸의 높이로 쌓아서 한 그릇에 담았다. 세종 때 건물을 지으며 사용한 영조척營造尺 1척이 약 30.8센티미터임을 고려했을 때, 각색병의 높이는 약 45센티미터쯤 되었을 것이다.

왕실이나 사대부 집안에서 잔치가 열리면 이처럼 음식을 높이 쌓아 올려 축하의 의미를 담았다. 혜경궁이 받은 회갑상에서 과일, 탕·찜 같은 요리, 양념 등을 제외한 음식은 모두 12~45센티미터에 이르는 높이로 쌓았다.

혜경궁 홍씨가 회갑상으로 받은 음식의 종류와 고임의 높이

한 그릇에 담긴 음식	구성	높이
갖은 떡各色餠	멥쌀떡·찹쌀떡·삭병·꿀설기떡·석이병·갖은 인절미·갖은 주악·갖은 증병·갖은 단자	1척 5촌
약밥藥飯		
메밀국수麵		
큰 약과大藥果		1척 5촌
만두과饅頭果		1척 5촌
다식과茶食果		1척 5촌
검은깨 다식黑荏子茶食		1척 5촌
송화 다식松花茶食		1척 5촌
밤 다식栗茶食		1척 5촌
마 다식山藥茶食		1척 5촌
붉은 칡뿌리 다식紅葛粉茶食		1척 5촌
붉은색 매화 강정紅梅花强精		1척 5촌
흰색 매화 강정白梅花强精		1척 5촌
황색 매화 강정黃梅花强精		1척 5촌
붉은색 연사과紅軟絲果		1척 5촌
흰색 연사과白軟絲果		1척 5촌
황색 연사과黃軟絲果		1척 5촌
붉은색 감사과紅甘絲果		1척 5촌
흰색 감사과白甘絲果		1척 5촌
붉은색 요화 모양 과자紅蓼花		1척 5촌
흰색 요화 모양 과자白蓼花		1척 5촌

황색 요화 모양 과자黃蓼花		1척 5촌
갖은 팔보 사탕各色八寶糖		1척 4촌
설탕 인삼 과자人蔘糖		1척 3촌
오화당五花糖	옥춘당玉春糖, 오화당五花糖	1척 2촌
대추란棗卵		1척
밤란栗卵		1척
생강란薑卵		1척
용안龍眼·여지荔枝		1척 4촌
꿀 대추蜜棗·말린 포도乾葡萄		1척 1촌
새앙 설탕 조림閩薑		1척
귤 조림橘餠		1척
유자柚子		
석류石榴		
배生梨		
말린 감蹲杮		1척
밤生栗		
껍질 벗긴 말린 밤黃栗		
대추大棗		
찐 대추蒸大棗		
호두胡桃		1척
마山藥		7촌
잣松柏子		1척
갖은 정과各色正果		7촌
수정과水正果		
익힌 배生梨熟		

봉수당의 회갑 잔치 순서

회갑 잔치는 오전 8시 45분 혜경궁 홍씨가 예복을 입고 자리에 앉으면서 시작됐다. 정조도 전투 때 입는 융복戎服을 입고 자리에 앉았다. 혜경궁이 좌석에 앉자, 내명부와 외명부의 여성들이 두 번 절하고 자리를 잡았다. 여성들의 좌석 앞에는 남성의 시선을 차단하기 위한 붉은색 주렴朱簾이 드리워졌다.

먼저 정조가 혜경궁이 있는 봉수당의 방으로 들어가 술잔을 올리고 바닥에 엎드려 어머니의 회갑을 축하하는 글을 읽었다. 그리고 혜경궁에게 가까이 갔다. 혜경궁은 "전하와 경사를 함께 하겠다" 말했고, 정조는 다시 물러나서 "천세千歲 천세 천천세"를 외쳤다. 이때 왕실의 사위인 의빈儀賓과 임금의 외가 신하인 척신戚臣, 그리고 관리들이 모두 정조와 같은 동작을 하면서 "천세 천세 천천세"를 합창했다.

봉수당 안마당에 마련된 마루에는 의빈과 척신 등을 포함한 여러 사람이 동쪽에 네 줄, 서쪽에 두 줄로 앉았다. 갓을 쓰고 도포를 입은 친척들은 가장 바깥쪽에, 예복을 차려입은 벼슬아치들이 그 안쪽에 앉았다.❸ 이들은 마루의 중앙을 향해 마주 보고서 각자 소반을 하나씩 받았다. 나이가 많거나 지위가 높은 사람이 봉수당 본전과 가까운 곳에 앉았다. 봉수당 바깥마당에는 관리 수십 명이 도열하여 세 줄씩 마주 보고 앉아 있다. 이들이 모두 "천세 천세 천천세"를 외쳤으니 그야말로 장관이었을 것이다.

다음으로 회갑 잔치의 본절차가 이어졌다. 왕실의 진연과 진찬에서는 중요 참석자가 행사의 주인공에게 술이나 차를 담은 '작爵'을 올렸는데, 행사의 규모에 따라 이 작을 몇 차례 올리는지 정해졌다. 가장 작은 규모의 잔치는 3작으로, 가장 큰 규모의 잔치는 9작으로 행해졌다. 정조는 이번 혜경궁 홍씨의 회갑에서 7작을 행하기로 미리 정해두었다.

보통의 왕실 예법으로는 첫 번째 잔을 정조가, 두 번째 잔을 정조의 부인인 왕비가 올려야 하나, 이번 봉수당 진찬에는 왕비가 참석하지 않았다. 그래서 첫 번째와 두 번째 잔을 모두 정조가 올리고, 혜경궁이 답례로 잔을 내려주었다. 정조가 좌석으로 돌아가자 나인들이 참석자 모두에게 술을 돌렸다.

한편 마당 가운데에 마련된 무대에서는 매번 잔이 오를 때마다 정해진 음악이 연주되고, 그에 맞춰 무용수가 춤을 췄다.❹ 정조가 첫 번째 잔을 올릴 때는 헌선도獻仙桃(고려시대 때 시작된 춤으로, 왕모王母가 하늘에서 내려와 왕에게 천도天桃를 드리며 장수를 기원하는 춤)가, 두 번째 잔을 올릴 때는 몽금척夢金尺(태조 이성계가 신령으로부터 금으로 만든 자

를 받는 꿈 이야기에 맞춘 음악과 춤)과 하황은荷皇恩(천명天命으로 나라를 다스리게 된 기쁨을 표현한 춤)이 공연됐다.

이어서 세 번째부터 일곱 번째까지의 잔은 혜경궁이 지정한 왕실의 명부, 의빈, 척신 중에서 올렸다. 셋째 잔에는 포구락抛毬樂(포구문을 가운데에 놓고 편을 갈라 노래하고 추는 춤)과 무고舞鼓(북을 치는 원무 주위를 돌며 추는 춤)가 행해졌고, 넷째 잔에는 아박牙拍(동물 뼈로 만든 작은 박)과 향발響鈸(냄비 뚜껑같이 생긴 놋쇠 판 두 개로 이루어진 타악기) 연주에 맞춰 춤을 추었다. 다섯째 잔에는 학무鶴舞(무용수가 청학과 백학의 탈을 쓰고 추는 춤), 여섯째 잔에는 연화대蓮花臺(봉래蓬萊에서 내려온 두 여자아이가 연꽃 꽃술로 태어났다가 임금의 덕에 감격하여 은혜에 보답하기 위해 추는 춤), 일곱째 잔에는 수연장壽延長(죽간자竹竿子를 든 두 사람이 살며시 무릎을 폈다 굽혔다 하면서 임금의 장수를 기원하는 춤)이 공연되었다. 특히 이번 잔치에는 7작이 다 끝나고 나서 처용무處容舞(처용의 탈을 쓰고 추는 춤)와 첨수무尖袖舞(무용수가 손에 아무것도 들지 않고 손바닥만을 놀리면서 추는 춤)라는 춤이 보태졌다. 정조가 어머니를 위해 특별히 마련한 것이다.

정조는 잔치에 참석한 신하들에게 이날만큼은 "취하지 않으면 돌아갈 수 없다不醉無歸"라고 했다. '불취무귀'란 말은 천자가 제후들에게 연회를 베풀었을 때 부른 노래에서 나온 것이다. 고대 중국의 문헌《시경詩經》의〈담로湛露〉에는 다음과 같은 글이 나온다. "맑은 이슬 내렸는데 태양이 아니면 말리지 못하네. 밤새도록 진탕 마시니, 취하지 않고는 돌아가지 않으리.湛湛露斯 匪陽不晞 厭厭夜飮 不醉無歸" 곧 술을 통해 천자의 권위를 세운 것이다.

정조는 이날 잔치가 마무리될 때 천년 만에 처음 있는 경사라며 기뻐했다. 그도 그럴 것이 을묘원행은 새로운 왕도王道를 꿈꾼 정조가 기획한 회심의 이벤트였기 때문이다. 대부분의 사대부가 건축을 반대했던 화성행궁에서 어머니의 회갑 잔치를 열었으니, 사도세자를 죽음으로 몰아간 이들에 대한 일종의 선전포고와 다름없었다. 정조가 '불취무귀'로 제왕의 의지를 드러내 보인 것이다. 하지만 5년 후, 정조는 만 49세의 젊은 나이에 갑자기 타계하고 만다.

3부

세도가의 사치, 백성들의 굶주림
: 19세기 초반~19세기 중반의 음식사

1800년(정조 24) 음력 6월 28일 유시酉時(오후 5~7시), 정조는 창경궁 영춘헌迎春軒에서 세상을 떠났다. 위중한 병이 없던 정조가 앓은 지 열흘도 되지 않아 승하하자 독살되었다는 소문이 돌았다. 정조는 죽기 전 마지막으로 "수정전壽靜殿"이라는 말을 남겼다. 수정전은 영조의 계비인 정순왕후가 살던 전각이다. 정순왕후는 당시 노론의 후원자였으므로 일부 사람들은 정조의 죽음에 노론이 간여했을 것이라고 의심했다. 하지만 소문만 무성했을 뿐 사실로 밝혀지지 않았다.

정조의 갑작스런 죽음 이후 어린 순조(1790~1834, 재위 1800~1834)가 왕위에 올랐고, 정순왕후가 수렴청정을 했다. 이후 조선은 세도정치勢道政治의 시대로 빠져들었다. 국왕과 세자와의 혼례로 관계를 맺은 외척 집안이 강력한 권세를 잡고 국가를 운영한 것이다. 순조 때 안동 김씨, 헌종 때 풍양 조씨, 철종 때 다시 안동 김씨가 왕실의 외척으로 세도를 잡았다.

19세기 세도정치 아래에서 조선 사회의 빈부격차가 날로 심해지면서 부유층이 화려한 식생활을 누리는 동안 빈곤한 백성은 굶주림을 간신히 이겨나갔다. 홍석모洪錫謨(1781~1857)는《동국세시기東國歲時記》3월 편에서 "서울 남산 아래서는 술을 잘 빚고, 북부에는 맛있는 떡을 만드는 곳이 많다"라고 적었다. 여기에서 북부는 바로 청계천 북쪽, 지금의 종로구 일대다. 또 홍석모는 "서울 사람들은 이를 두고 '남주북병南酒北餠'이라고 일컫는다"라고 기록했다. '남주'는 당시 서울에서 술을 양조하고 판매했던 매주가賣酒家가 많이 몰려 있던 곳이다.

특히 남산 아래와 마포의 공덕에 매주가가 많았다고 한다. 남산 아래의 양조장에서는 음력 3월이면 소국주小麴酒(누룩을 적게 써서 담근 청주)·두견주杜鵑酒(진달래꽃을 넣어 빚은 청주)·도화주桃花酒(복숭아꽃을 넣어 빚은 청주)·송순주松筍酒(소나무의 햇순을 넣어 빚은 청주)·과하주過夏酒(여름에 빨리 쉬지 않도록 청주에 소주를 섞어서 빚은 술) 등을 빚었다. 증류주인 삼해주三亥酒는 공덕의 독막甕幕에서 만든 것이 유명하다고 했다. 음력 8월이 되면 이들 양조장에서는 햅쌀로 술을 빚었다. 신윤복의 〈주사거배酒肆擧盃〉는 느슨해진 금주령 단속 중 술을 탐하느라 여념이 없던 당시 사대부들의 모습을 보여준다.

19세기 초반 사대부 집안의 여성들은 경화세족京華世族의 음식을 소개하는 한글 요리책을 다수 집필했다. 빙허각 이씨는 유중림의 《증보산림경제》를 추리고 직접 시험해본 요리법을 정리해 《규합총서》 〈주사의酒食議〉를 집필했는데, 사대부가에서도 때와 격에 맞추어 음식을 장만하는 일이 중요했기 때문이다.

신윤복을 비롯하여 여러 화가가 그린 〈생선 채소 장수〉의 모습은 당시 한양 사람들이 식재료를 자급자족하지 못하고 상인들에게 의지했음을 알려준다. 심노숭沈魯崇(1762~1837)은 한양의 왕십리에 사는 한 여성이 직접 담근 배추김치를 머리에 이고 사대문 안으로 들어와 팔았다는 글을 지었다. 또한 심노숭은 메밀국수와 증류 소주를 판매하는 집이 여럿 있다고도 적었다. 홍석모 역시 계절마다 떡집을 찾아가 새로 나온 재료로 빚은 떡을 사 먹었다고 했으니, 19세기 초반 사대문 안에는 술집과 떡집을 비롯한 음식점이 적지 않았음을 알 수 있다.

이덕무李德懋(1741~1793)는 지속되는 한양 부유층의 사치를 경계하며 《사소절士小節》이란 책에서 식사의 예법과 검소를 강조했다. 하지만 여전히 지방의 가난한 사대부와 서민 들의 식탁은 너무나 보잘것없었다. 1811년(순조 11) 홍경래의 난을 비롯해 세도정치에 빌붙은 관료와 지주 들을 타도하기 위해 봉기하는 백성들이 적지 않았다. 끊이지 않는 백성들의 저항 속에서도 세도정치는 계속되었고, 이렇게 조선 왕조는 쇠락의 길을 걸을 수밖에 없었다.

〈**주사거배**酒肆擧盃〉

신윤복, 《혜원전신첩蕙園傳神帖》, 19세기 초반, 28.2×35.6cm, 간송미술관 소장.

12

느슨해진 금주령, 그래도 찾아간 술집

그림의 등장인물은 모두 일곱 명이다. 전면 두 칸짜리 집의 대청마루가 보이고 큰 뒤주와 장롱이 들어서 있다. 뒤주 위에는 여러 가지 밑반찬이 담겼을 항아리와 단지, 그리고 그릇이 놓였다. 왼쪽 마루 끝의 부뚜막에는 무쇠솥이 두 개 걸려 있고, 굽이 높은 두豆와 작은 그릇, 젓가락 들이 올라가 있다. 아궁이에 나 있는 두 개의 구멍은 불을 땔 때 연기를 빼내는 통로다.

부뚜막을 마주 보고 앉은 여성은 트레머리를 하고 남색 치마와 반회장저고리(깃·고름·끝동에만 다른 색의 천을 댄 저고리)를 입었다. 그녀 옆에는 아가리가 넓은 푼주 두 개와 오지항아리 하나, 그리고 백자 하나가 놓였다. 한 푼주에는 삿갓을 거꾸로 엎어 놓은 모양의 그릇이 올라가 있고, 두 푼주에는 각각 술과 뜨거운 물이 담겨 있을 테다.

여인은 술을 떠낼 때 쓰는 국자 모양의 도구 '구기'를 들고 있

다. 푼주에서 퍼낸 술을 뜨거운 물이 담긴 푼주 위의 그릇에 옮긴 다음, 데워진 술을 다시 잔에 따르려던 참이다.❶ 이를 기다렸다는 듯 붉은색 장의長衣를 입은 남성이 왼손으로 젓가락을 집고 있다. 갓과 도포 차림의 두 사내가 양쪽에 서서 이 모습을 지켜본다.

《혜원전신첩》

〈주사거배〉는 혜원蕙園 신윤복申潤福(?~?, 19세기 초반 활동)의 그림 30점을 모은 화첩 《혜원전신첩蕙園傳神帖》에 포함되어 있다. 여기에서 '전신傳神'은 초상화를 그릴 때 인물의 외형을 묘사하는 것을 넘어서 내면세계까지 표출해야 한다는 화론인 '전신사조傳神寫照'의 준말이다. 곧 《혜원전신첩》은 '혜원의 인물화 화첩'이다.

이 화첩은 식민지 시기 한국의 귀중한 유형 문화유산을 수집해온 간송澗松 전형필全鎣弼(1906~1962)이 1935년경 도미타상회富田商會(일본인 도미타 기사쿠富田儀作가 서울 남대문 근처에서 운영했던 조선 고미술품

가게)에서 구입한 것이다. 화첩을 입수한 전형필은 이를 1936년 봄에 서예가 오세창에게 보여주었고, 오세창이 《혜원전신첩》이란 제목을 붙여주었다고 한다.

또한 오세창은 신윤복의 그림을 직접 보고 크게 감탄하며 화첩에 다음과 같은 글을 남겼다. "세상 사람들은 혜원의 그림을, 그중에서도 특히 풍속을 그린 작품을 귀중하게 여긴다. 이 화첩에는 30면이나 될 정도로 그림이 많다. 모두 예로부터 전해지는 인물화로, 사람들이 모여 사는 마을 생활의 장면들이 종이 위에서 살아 움직이는 듯 눈부시게 큰 구경거리다. (중략) 간송 전 군이 꼭 원첩原帖을 얻고자 벼른 지가 몇 년이더니 이에 많은 돈을 아끼지 않고 사들여서 진귀한 비장품으로 삼았다." 이런 과정을 거쳐 그림의 원본이 이 땅에 남게 된 것이다.

많은 연구자는 신윤복이 늦어도 1758년(영조 34)에 태어났다고 여긴다. 오세창이 한국 역대 서화가의 일생을 정리해 1928년 출간한 《근역서화징槿域書畵徵》이란 책에서 신윤복을 김득신의 동생 김석신金碩臣(1758~?) 앞에 배치했기 때문이다. 이후 화가 김용준金瑢俊(1904~1967)이 《문장文章》이라는 잡지 1939년 2월 1일자에 글을 실을 때 신윤복을 1758년생으로 적으면서 그의 출생 연도는 오래도록 굳어졌다. 하지만 신윤복의 정확한 출생 연도나 활동을 적은 문헌 기록은 아직 발견되지 않았다.

오늘날 전하는 신윤복의 그림 중 제작 연도가 표기된 것은 1805년, 1808년, 1813년 등 몇 점에 지나지 않는다. 그래서 신윤복이 화가로 활동한 시기가 19세기 초반이 아니었을까 추정할 뿐이다. 한편 그의 아버지 신한평申漢枰(1726~?) 역시 도화서 화원이었다. 일부 연구자는 아버지와 아들이 함께 도화서에서 일했을 가능성이 적기에 신윤복을 민간에서 활동했던 재야 화가로 본다. 하지만 이런 주장도 확실한 문헌적 근거는 없으므로 추정에 지나지 않는다.

술잔을 들어 밝은 달을 맞이하고

《혜원전신첩》의 그림 30점 중 10점에는 그림을 묘사한 글인 제화시題畫詩가 적혀 있는데, 이를 신윤복이 직접 썼는지는 확인할 길이 없다. 다만 제화시의 내용은 그림을 읽는 데 적지 않은 도움이 된다. 지금 보는 그림에는 다음과 같은 시가 적혀 있다.❷

擧盃邀皓月	술잔을 들어 밝은 달을 맞이하고
抱擁對淸風	술 항아리 끌어안고 맑은 바람 대한다

그림 하단의 담벼락에는 진달래를 닮은 꽃이 붉게 피었는데, 이것이 그림의 장소가 19세기 초반에 집들이 촘촘하게 들어섰던 서울의 운종가雲從街(지금의 광화문~종로3가 일대)라는 사실을 알려준다. 19세기 초반을 살았던 유만공柳晩恭(1793~1869)은 《세시풍요歲時風謠》의 〈원석元夕(음력 1월 15일)〉에서 당시 운종가 근처에 있던

'색주가色酒家'의 모습을 다음과 같이 묘사했다. "주등 높이 걸리고 판자문이 열렸는데, 탁자 위에 대접과 접시 술잔이 어지럽네. 서늘한 지붕 아래 한밤중 돼지고기 구우니, 길 가던 이들 냄새 좇아 몰려오는구나.酒燈高掛板門開 一卓紛然椀楪杯 午夜燒猪凉屋下 行人多逐膩香來"

이어서 나오는 글은 그림의 술집 모습을 상상하게 만든다. "깊은 밤 술집의 등 은은히 비치는데, 아름다운 여인 졸음 겨워 안방으로 들어간다. 여인을 대신해 더벅머리 중노미 술청에 앉았으니, 낭패로다 여인과 술을 찾아온 사내여.深夜帘燈隱映光 嬌姬就睡入重房 爐頭替坐蓬頭漢 狼狽來尋色酒郎" 또한 유만공은 색주가 중에서 이름난 집으로 '군칠가君七家'가 있다고 했다. 이 군칠가는 술도 잘 빚고 음식도 맛있었는데, 그에 못 미치는 술집들마저 같은 상호로 불리는 곳이 많다고 적었다.

후대 학자들은 이 그림의 제목을 〈주사거배酒肆擧杯〉라고 붙였다. '주사酒肆'는 술집의 한자 표현이니, 곧 "술집에서 한잔 마시다"라는 뜻이며 실제로도 조선시대 문헌에서 술집은 '주사'라고 기록되곤 했다. 하지만 유만공의 글에서 알 수 있듯이 이런 형태의 술집은 색주가로 불러야 옳을 듯하다.

빨리 떠날 것을 재촉하다

유만공이 묘사한 색주가의 더벅머리 중노미는 이 그림에도 나온다.❸ 중노미는 '죽놈이'가 변한 말로, 술집에서 허드렛일을 하면서 주모의 신변 경호도 맡았던 남성 종을 가리킨다. 그런데 그림에서 중노미는 술꾼들의 행태를 걱정스럽게 바라보고 있다. 그는 왜 이런 표정을 지었을까?

그림을 다시 살펴보자. 막 젓가락을 집으려는 붉은색 장의 차림의 사람은 별감別監이다.❹ 별감은 액정서掖庭署(왕과 왕족의 명령을 전달하고 궁궐 관리 따위를 맡아보던 관아)에 소속된 하급 관리로, 중인보다 낮고 서인庶人보다 약간 높은 계층이었다. 그런데 별감은 대전과 왕비전, 세자궁 같은 곳에서 근무하고, 왕·왕비·세자를 만나려는 신하들을 안내했으므로 상당한 권력자였다. 이처럼 숨어 있는 세력가였던 별감 중에는 '투잡two job'을 하는 사람도 있었다. 낮에는 궁에서 일하고 밤에는 기생의 뒷배를 봐주는 기부妓夫, 곧 기둥서방으로서 서울 운종가의 색주가를 장악했던 것이다.

❸

❹

양옆에 서 있는 사대부들은 별감이 술 한 잔을 더 마시는 모습을 마치 부러운 듯 바라보면서, 자신들의 차례를 기다리는 것 같다. 그런데 대문 가까이에 서 있는 두 사람은 그렇지 않다. 갓에 도포를 입은 사대부는 왼손에 든 부채로 세 사람을 재촉하는 듯하다.❺ 오른쪽에서 깔때기 모양의 모자를 쓰고 '까치등거리'라는 옷을 입은 사람도 빨리 가자고 다그치고 있다. 이 사람은 '나장羅將' 혹은 '나졸邏卒'이라고 불렸던 병조 소속의 서리로, 이들 중에는 '금란패禁亂牌'라는 나무패를 가지고 다니며 한양에서 일어나는 불법을 단속하는 자도 있었다.

조선시대에 술을 만들고 마시는 일이 언제나 자유로웠던 것은 아니다. 막걸리나 청주, 소주를 막론하고 모두 밥을 짓는 데 쓰는 멥쌀이 주재료였으므로, 흉년이 들거나 곡식이 부족하면 왕실에서는 금주령禁酒令을 자주 내렸다. 막걸리야 농민들의 사기를 진작시켜주기 때문에 제외되었지만, 사대부가 즐겨 마셨던 청주와 소주는 금주령의 주된 단속 대상이었다. 금주령이 내려지면 한양을 중심으로 금란패를 가진 나장이 단속에 나섰다. 그림의 일행 중에도 나장이 있다. 단속을 담당한 나장은 아닌 듯하지만, 정보라도 입수했는지 곧 단속이 들이닥칠까봐 안절부절못하는 모습으로 보인다.

영조는 금주령을 매우 강력하게 시행했다. 심지어 몰래 술을 마셨다고 고발당한 관리를 처형하는 자리에 직접 참석할 정도로

〈유곽쟁웅遊廓爭雄〉
신윤복,《혜원전신첩》, 28.2x35.6cm, 간송미술관 소장.

강경한 입장이었다. 그에 비해 정조는 금주령을 내리면서도 백성들이 동요하는 것을 걱정하여 영조만큼 단속을 강하게 시행하지는 않았다. 하지만 영조와 정조의 금주 정책은 도리어 숨어서 술 마시는 걸 부추겼다. 이와 더불어 몰래 문을 여는 술집도 적지 않았다. 특히 정조가 펼친 완화된 정책은 술집을 더욱 번창하게 만들었고 그중에서도 색주가는 인기가 대단했다.

정조를 이은 순조 연간이 되면 금주령을 어기고 술을 빚어 팔아 큰돈을 버는 사대부와 관리 들도 나타났다. 유만공이 적어놓았듯이 19세기 초 서울의 술집에는 고기구이가 등장하는 등 그 안주도 화려해졌다. 심지어 금주령을 단속하는 나졸을 구타하는 사대부도 적지 않았다. 정조가 금주령을 8회 시행한 데 비해 순조가 11회를 시행한 이유도 여기에 있었다. 특히 순조는 금주령을 제대로 시행하지 못한 관리들을 처벌하기까지 했다.

사실 왕실에서 금주령을 내린 이유는 오로지 멥쌀을 아끼기 위해서만은 아니었다. 지금도 그렇지만 과음한 사람들 간엔 싸움이 잦았다. 《혜원전신첩》의 〈유곽쟁웅遊廓爭雄〉이란 그림에는 색주가 문 앞 골목에서 술에 취한 두 사대부를 말리는 별감의 모습이 나온다. 신윤복은 〈주사거배〉에서 중노미의 시선을 빌려, 술 제조로 인한 사대부들의 곡물 낭비와 풍기 문란한 세태를 못마땅하게 바라본 것은 아닐까?

〈생선 채소 장수〉

신윤복, 《신윤복필 여속도첩申潤福筆女俗圖帖》, 19세기 초반, 28.2×19.1cm, 국립중앙박물관 소장.

13

생선과 채소를 팔러 나온 아낙

늦가을 한양의 뒷골목에서 젊은 아낙 한 명이 생선이 담긴 나무 함지박을 머리에 이고 가다 나이 든 아낙을 만났다. 오른쪽 어깨에는 '종다래끼'라고 불리는 바구니를 멨고 그 안에는 총각무가 가득하다. 여간 힘들지 않은지 얼굴은 무표정이다. 더욱이 우연히 마주친 늙은 아낙의 종다래끼가 빈 것을 보고 더욱 낙담한 듯 물끄러미 쳐다볼 뿐이다.

옷매무새로 보아 젊은 아낙은 갓 혼인하여 아이를 낳은 듯하다. 앞가슴이 절반이나 드러나는 짧은 저고리를 입고 고름을 동여맸다. 그래도 혹여 가슴이 보일까 치마를 한껏 올려 끈으로 질끈 묶었다. 그로 인해 속바지가 무릎 아래까지 드러났지만 치마폭이 넓고 길어서 괜찮다. 머리에는 가체인 어여머리까지 올렸다. 함지박과 바구니만 들지 않았다면 당시 기생 차림과 다름없다. 이날 과연 젊은 아낙은 저 많은 어물과 채소를 다 팔았을까?

서울 사람들이 즐긴 생선

'혜원사蕙園寫'라는 글씨와 낙관을 통해 신윤복이 그린 것으로 전해지는 〈생선 채소 장수〉는 19세기 조선의 풍경을 생생히 보여준다. 신윤복과 비슷한 시기를 살았던 한양 토박이 홍석모는《동국세시기》에 당시 한양의 세시풍속을 월별로 기록했다. 그중 3월 편에는 다음과 같은 이야기가 나온다.

> 계란을 끓는 물에 넣어 반숙을 만들어 초장을 친 것을 수란水卵이라 부른다. 황저합黃苧蛤(황조개)과 석수어石首魚(조기)로 국을 끓여서 먹는다. 소어蘇魚(밴댕이)는 안산 앞바다에서 나고, 제鮆(웅어)는 사람들이 위어葦魚라고 부르는데 한강 하류인 고양의 행주에서 난다. 늦은 봄 사옹원의 관리들이 그물을 던져 잡아서 진상한다. 어상漁商이 거리를 돌아다니면서 횟감 사라고 소리치며 판다. 복사꽃이 떨어지기 전에 하돈河豚(복어)에 미나리, 기름, 간장을 넣고 국을 끓이면 그 맛이 매우 좋다. 복어 중에는 노호鷺湖(노량진)에서 나오는 것이 제일 먼저 시장에 들어온다. 복어의 독을 꺼리는 사람은 독미어禿尾魚(도미)로 대신 끓이는데, 독미어 역시 시절 생선으로 품질이 매우 좋다.

이 글에 따르면 그림의 젊은 아낙이 머리에 인 함지박에는 황조개·조기·밴댕이·복어·도미 따위가 들어 있을 가능성이 크다.

하얀 천이 덮여 있기에 정확히 알 수 없지만, 꼬리지느러미를 불쑥 내민 생선은 그 모양이 숭어와 닮았다. 홍석모가 묘사한 풍경은 음력 3월이므로 숭어는 그가 언급한 생선 목록에 나오지 않는다. 지금 그림의 계절은 숭어가 한창 잡히는 늦가을로 여겨진다.

이미 김득신의 〈강변회음〉에서 숭어에 관해 설명했기에 여기서는 생략하되, 몇 가지 이야기를 보태려고 한다. 숭어를 먹기 좋은 때는 음력 8월부터 이듬해 2월까지였다. 사옹원에서는 아예 '수어선秀魚船'이라는 배를 별도로 두어 숭어를 잡아들였다. 당연히 사대부가에서도 숭어를 즐겨 먹었다.

어부는 숭어를 잡아서 팔 경우 세금을 내야 했다. 한강의 서강西江에서 활동하던 어부 중에는 세금을 내지 않으려고 몰래 숭어를 잡는 사람도 있었는데, 그 문제가 심각해 인조 연간엔 왕실에서 논쟁거리가 될 정도였다. 그만큼 숭어를 찾는 소비자가 많았던 것이다.

생선 장수들은 서해와 한강 하구에서 잡힌 숭어를 구해 그림의 아낙처럼 거리를 돌아다니며 팔곤 했다. 숭어가 싱싱하면 회로, 그렇지 않으면 탕이나 구이로 해 먹고, 숭어의 살로 만두피를 만들어 어만두를 해 먹기도 했다.

동네 골목을 누빈 생선 장수

19세기 한양에선 장사꾼들이 길목마다 소리를 지르며 어물을 비롯해 이런저런 먹을거리를 파는 광경이 흔했던 모양이다. 이러한 풍경은 조선 후기 여러 문헌에 생생하게 담겨 있다. 김홍도의 스승 강세황 역시 지금의 경기도 안산에 살면서 생선 장수를 자주 보았던 모양이다. 《김홍도필 행려풍속도 8폭병풍》에도 생선 장수의 모습이 나오는데, 강세황은 다음과 같은 한시를 써놓았다. "성게, 새우젓(그림에는 하염鰕塩, 즉 소금으로 쓰여 있으나 새우젓鰕醢을 항아리에 담았을 것으로 여겨진다)으로 광주리와 항아리를 그득 채워, 새벽에 포구를 출발하네. 갈매기 놀라서 날고, 그림을 한번 펼쳐보니, 바람에 비린내가 코를 찌르는 듯하구나.栗蟹鰕塩 滿筐盈缸 曉發浦口 鷗鷺驚飛 一展看 覺腥風觸鼻"

안산에 머물다가 서울로 돌아온 강세황은 김홍도가 그린 또 다른 그림 〈매해파행도賣醢婆行圖〉를 보고선 다시 옛 생각이 났던 모양이다. 이 그림에도 다음과 같은 글을 써놓았다. "내가 일찍이 바닷가에 살 때, 아이를 업고 광주리를 인 십여 명의 젓갈 파는 아낙이 무리를 지어 길을 가는 것을 보았다. 바닷가 하늘에 해가 떠오를 때 갈매기들이 다투어 날아오르니, 쓸쓸한 이 모습은 또한 필묵의 밖에 있고, 바야흐로 세차게 흐르는 속세 안에 있다. 보는 이로 하여금 돌아가고픈 생각을 불러일으킨다.余曾居海畔 慣見賣醢婆行徑 負孩戴筐 十數爲群 海天初旭 鷗鷺爭飛 一段荒寒風物 尤在筆墨之外 方在

〈매염파행賣塩婆行〉

김홍도,《김홍도필 행려풍속도 8폭병풍金弘道筆行旅風俗圖八幅屛風》, 1778년, 90.9×42.7cm,
국립중앙박물관 소장.

〈매해파행도賣醢婆行圖〉

김홍도, 18세기, 71.5× 37.4cm, 이화여자대학교박물관 소장.

滾滾城塵中 閱此 尤令人有歸歟之思"

서얼 신분임에도 정조의 발탁으로 규장각 검서관 관직을 지냈던 유득공柳得恭(1749~1807)은 당시 한양의 조기 장수를 두고 다음과 같은 시를 지었다. "생선 조기를 지고 가면서, 손으로 큰 놈을 쥐고 자랑하네. 어린 여종이 중문에서 달려 나오며, '생선 조기 장수요!' 하고 부르네.生鮮石魚負去 手持大者誇張 小婢中門走出 喚生鮮石魚商" 이 얼마나 생생한 묘사인가. 어린 여종이 부른 조기 장수는 지게를 지고 생선을 팔러 다니는 걸 보아 하니 신윤복의 그림에 나오는 젊은 아낙과 달리 남성이다.

자급자족이 어려웠던 한양 사람들의 생선·채소 구입

유득공의 시에 나오는 조기 장수처럼, 지게에 질 만큼 많은 양의 채소를 판매하는 장수도 주로 남성이었다. 홍석모는 《동국세시기》 3월 편에서 남성 채소 장수를 다음과 같이 묘사했다. "매채한賣菜漢이 갓 자란 배추 뿌리를 지고 무리를 이루어 판다고 고함을 지른다. 이를 일러 청근상青根商이라고 부른다. 이들은 총각무가 새로 나오면 또 판다고 소리를 친다."

당시에 재배한 배추는 지금과 달리 속이 꽉 차지 않은 비결구非結球 품종이었는데 사람들은 이 배추의 뿌리를 즐겨 먹곤 했다. 그리고 그 뿌리가 총각무를 닮았다 해서 이것을 파는 채소 장수

를 '청근상'이라고 불렀던 것이다. 남성 청근상들은 무거운 채소를 대량으로 지게에 지고 다녔다. 반면 상대적으로 힘이 부족한 여성 채소 장수들은 그림에서처럼 소량의 총각무만 종다래끼에 담아 돌아다니며 팔았을 테다.❶

18~19세기 조선에서 가장 큰 대도시는 물론 한양, 곧 지금의 서울 강북 일대였다. 어떤 학자는 당시 사대문 안의 인구가 3만 명을 넘었다고 추정한다. 심지어 사대문 안과 밖, 왕십리와 뚝섬, 한강 남쪽 노량진까지 모두 포함하면 30만 명이 살았다고 보는 학자도 있다. 이처럼 인구밀도가 높은 데다가 당시 채소밭은 동대문 근처와 왕십리, 뚝섬 일대에 있었기 때문에, 한양 사람들은 지금과 마찬가지로 먹을거리를 자급자족으로 해결할 수 없었다. 그리하여 밭에서 직접 채소를 재배한 농민이나 구입한 이들이 한양의 골목골목을 다니며 장사를 해 먹고살았다.

한편 생선 장수들은 서해에서 마포나루로 들어오는 어선에서 젓갈과 소금, 생선과 조개 따위를 사서 서울 골목을 돌아다니며 팔았다. 인천 근처 바닷가 어촌의 여인들도 방게를 주워 한양에 와서 팔고, 그 값으로 옷을 사서 돌아가기도 했다. 김홍도와 신윤복도 이들의 모습을 여러 점의 그림으로 남긴 것을 보면, 18~19세기에 한양 길거리를 돌아다니며 채소와 생선을 파는 장수들의 모습은 빠뜨릴 수 없는 풍경이었던 모양이다.

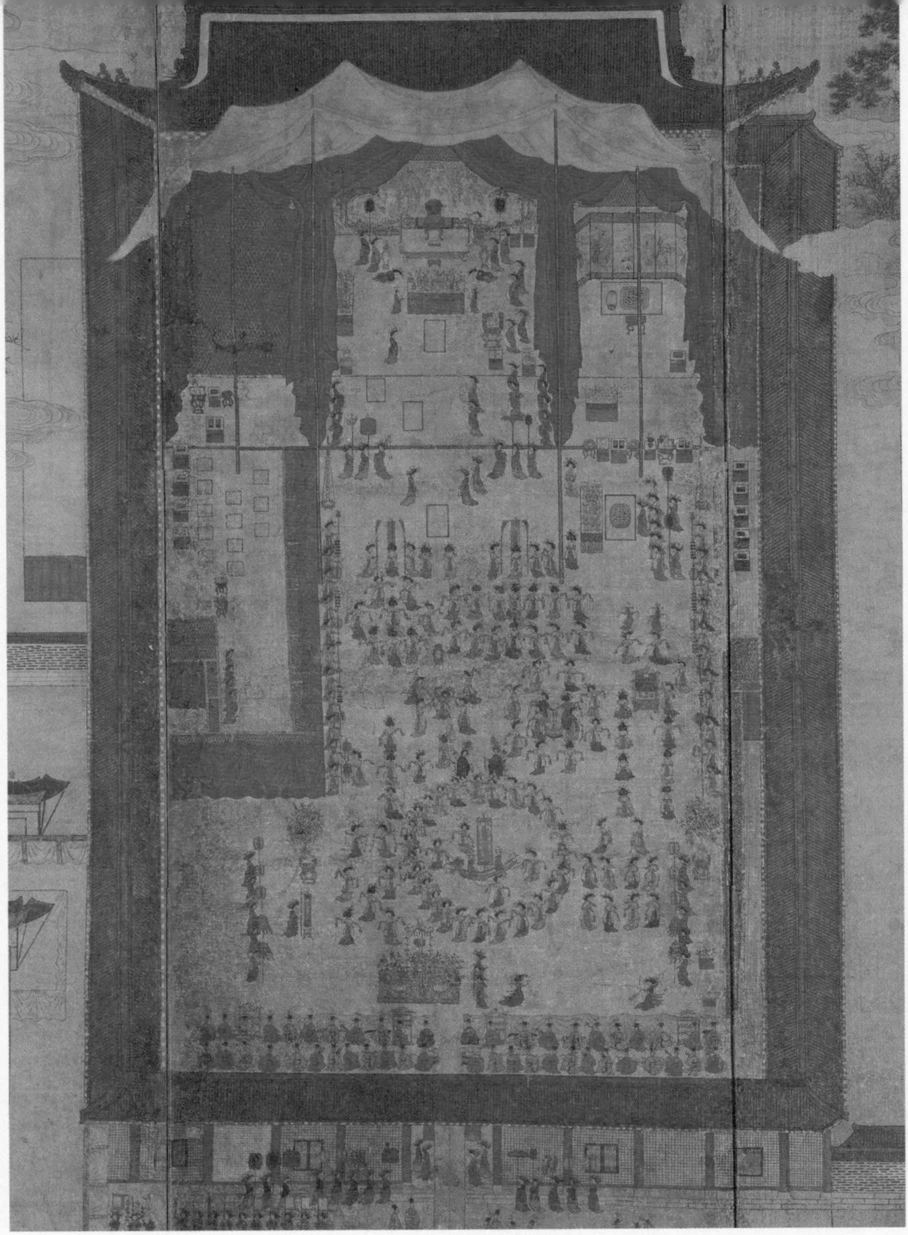

〈자경전내진찬도慈慶殿內進饌圖〉의 부분
작자 미상, 《기축년진찬도병己丑年進饌圖屛》, 1829년, 54×150.2cm, 국립중앙박물관 소장.

14

효명세자가 기획한 순조의 40세 생일잔치

《기축년진찬도병己丑年進饌圖屛》은 1829년(순조 29) 음력 2월, 순조의 탄생 40주년과 재위 30주년을 기념하여 창경궁의 정전인 명정전明政殿과 혜경궁 홍씨가 살았던 경복궁의 자경전慈慶殿에서 열린 행사를 글과 그림으로 기록한 병풍이다. 병풍의 오른쪽 영역에는 음력 2월 9일 오전 11시에 명정전에서 열린 '외진찬外進饌' 장면이 그려져 있다. 외진찬은 임금과 왕세자를 비롯해 왕실의 친인척과 관료 들이 참석한 행사로, 남성들이 주로 참석한다고 하여 바깥 외外 자를 붙였다.

외진찬이 끝나고 3일이 지난 음력 2월 12일 오전 7시, 자경전에서 '내진찬內進饌'이 열렸다. 《기축년진찬도병》의 왼쪽 영역은 바로 이 내진찬 행사를 그린 것이다. 명정전의 외진찬 장면을 보면 왕과 왕세자의 자리 옆에 있는 시위대侍衛隊와 승지 등이 모두 남성이지만, 내진찬의 경우 남성 관리 대신에 여관女官들이 자리

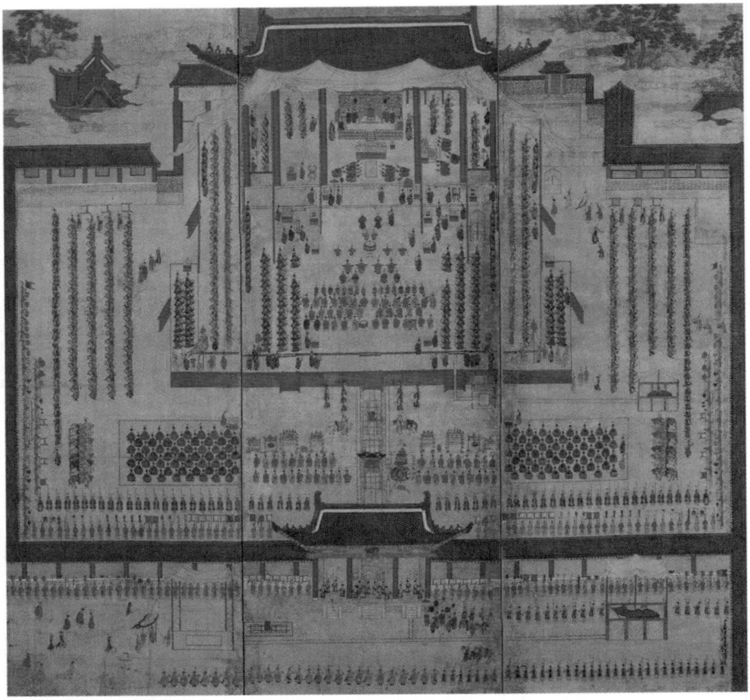

《기축년진찬도병己丑年進饌圖屛》의 오른쪽 〈명정전외진찬明政殿外進饌〉 부분.

잡고 있다. 심지어 춤을 추는 사람들도 외진찬에서는 무동舞童이지만 내진찬에서는 여성 무용수인 여령女伶이다. 여령들은 선유락船遊樂(화려하게 채색된 배를 끌고 나와 행하는 뱃놀이), 연화대蓮花臺(두 선녀가 지상으로 내려왔다가 임금의 어진 성품에 탄복하여 춤과 노래로 보답한 뒤 다시 신선계로 돌아간다는 내용의 무용), 무고舞鼓(북을 가운데 놓고 여러 사람이 추는 춤) 등 각기 다른 춤을 추고 있다. 본래 임금에게 작을 올릴 때마다 한 가지의 춤을 추었지만, 그림을 그린 화가는 여러 가지 춤을 그려서 전체 과정을 한 폭에 담으려고 했다.

그림의 상단 중앙에는 순조의 자리가 그려져 있고, 왕세자인 효명세자孝明世子(1809~1830)의 자리는 오른쪽에 별도로 마련된 공간에 있다.❶ 왕이나 왕세자의 모습은 그림으로 표현하지 않는다는 규칙에 따라 순조와 효명세자는 보이지 않는다. 그림의 왼쪽에 붉은 장막이 사방으로 둘러쳐진 곳으로 시선을 옮겨보면 음식이 차려진 상과 방석이 여럿 보인다.❷ 이곳은 왕비와 왕실 여성들의 자리다. 남녀 내외를 구별하기 위해 자경전 가장 아래쪽에서 악기를 연주하는 악공들 앞에도 가림막이 쳐 있다.❸ 내진찬은 순조와 효명세자를 제외하면 모두 왕실의 여성들만 참석한 행사이기 때문이다.

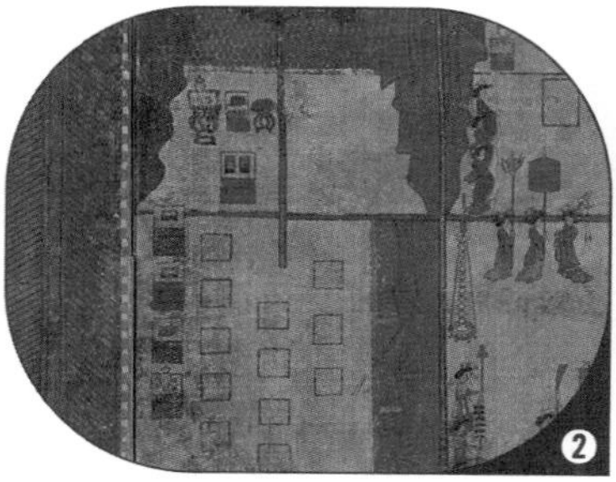

효명세자, 잔치를 주관하다

기축년 잔치를 기획하고 주관한 사람은 효명세자였다. 생김새와 행동이 할아버지인 정조를 무척 닮아 왕실과 관료들로부터 큰 기대를 받았던 효명세자는, 순조의 건강이 악화되자 1827년(순조 27) 음력 2월부터 대리청정代理聽政을 시작했다. 효명세자는 당시 권력을 쥐고 있었던 안동 김씨 계열의 사대부를 배제하고 새로운 인물을 높은 관직에 널리 세우는 등 국정을 적극적으로 쇄신하려 했다.

이 진찬도 효명세자가 직접 순조를 설득하여 마련했다. 순조의 실제 생일은 음력 6월 18일이었으나, 효명세자는 순조의 건강을 염려하여 생신날을 기다리지 않고 음력 2월에 일찍이 진찬을 올리고자 했다. 1828년 11월부터 효명세자는 순조의 반대에도 무릅쓰고 잔치를 열겠다는 상소를 두 차례나 올려 허락을 구했고, 같은 달 25일 행사 준비를 위해 관료들을 불러 모았다. 같은 날짜의 《승정원일기》에는 행사를 주관하는 일종의 태스크포스인 진찬소進饌所 소속의 관료들과 효명세자가 나눈 대화 내용이 나온다.

효명세자가 음식 장만을 어떻게 구성할 것인지 묻자 사옹원의 책임자 박기수朴岐壽가 앞선 진찬의 사례를 아뢰었다. 그러자 효명세자는 외진찬에서 '행과行果'는 20그릇, '미수味數'는 9미九味로 하라고 지시했다. 여기에서 '행과'는 행사의 주인공인 순조 앞에 차리는 한 상의 음식을 가리키고, '미수'는 '미수상味數床'의 준말로 순조에게 작을 올리는 횟수를 말한다. 곧 이번 잔치에서는 20

종의 음식으로 상을 구성하고, 9차례에 걸쳐 술이나 차를 올리라는 지시다. 동시에 효명세자는 작을 올릴 때마다 음식 세 가지를 마련하라는 말도 덧붙였다.

이 상황을 다시 생각해보면 무려 왕실 권력의 이인자가 잔치의 음식 메뉴와 그 자세한 구성까지 일일이 정해준 셈이다. 하지만 조선시대에 진연이나 진찬은 한 임금의 재위 중 몇 차례밖에 열리지 않았을 만큼 왕실의 어떤 의례보다도 왕의 권위를 과시할 수 있는 중요한 행사였다. 사소해 보이는 잔 올리는 횟수부터 상차림의 규모까지 최고 결정권자가 정해야 하는 국가의 중대사였던 것이다. 왕에게 올리는 상에는 어느 참석자보다도 음식의 가짓수가 가장 많았고, 쌓는 정도도 가장 높았다. 또한 참석자가 작을 올릴 때는 왕의 위대함을 소리 높여 읽었고 이어서 그에 어울리는 음악과 춤이 연행되었다. 이처럼 중요한 행사이기에 주무 관서의 책임자가 하나하나 여쭙고 효명세자가 세세하게 답변했다.

이어서 효명세자는 관료들과 내진찬에 관해 논의한다. 효명세자는 순조에게 올릴 한 상의 음식 가짓수를 외진찬과 달리 30그릇으로 마련하고, 술이나 차를 올리는 횟수는 두 차례 줄여 7작七爵으로 하라고 명령을 내렸다. 아마도 여성들이 참석하는 자리이므로 횟수를 줄인 듯하다. 다만 술이나 차를 올릴 때마다 차리는 음식은 외진찬에서의 3가지와 달리 7가지를 올리라고 했다. 자경전에서 열린 내진찬이 오전 7시부터 시작되었으므로 음식의 가짓수를 늘린 듯하다. 아울러 효명세자는 내진찬에서 술이나 차를 올리는 사람까지 정해주었다. 제1작은 본인, 제2작은 본인의 부인으로 곧 세자빈, 제3작은 자신의 여동생 중 첫째인 명온공주明溫公主, 그리고 제4작에서 제7작까지는 별도로 정해주겠다고 했다.

급수에 따라 고임 음식의 높이가 달랐다

자경전 내진찬의 주요 손님은 왕실의 여성들로, 순조의 부인인 순원왕후純元王后 김씨, 효명세자의 부인인 세자빈으로 훗날 신정왕후神貞王后로 봉해진 조씨, 그리고 네 명의 딸이 참석했다. 순조는 효명세자와 함께 첫째 명온공주, 둘째 영온옹주永溫翁主, 셋째 복온공주福溫公主, 넷째 덕온공주德溫公主를 두었다. 명온공주, 복온공주, 덕온공주의 어머니는 정비인 순원왕후 김씨이지만, 영온옹주의 어머니는 숙의淑儀 박씨이다. 숙의 박씨도 내진찬에 참석했으며, 정조의 딸이면서 순조의 여동생인 숙선옹주淑善翁主도 자리했다.

《기축진찬의궤己丑進饌儀軌》는 진찬의 행사 내용을 매우 상세하게 기록하고 있다. 자경전의 사방에 온돌을 깔아 여성 참석자들이 3월 초순의 쌀쌀한 날씨에도 춥지 않도록 했다는 사실부터 참석자들이 받은 상차림, 음식마다 들어간 식재료의 종류와 양까지 모두 적혀 있다. 표는 왕실 참석자들이 내진찬에서 받은 상에 차려진 음식의 종류이다.

지위에 따라 음식의 가짓수뿐만 아니라 고임 음식의 높이도

1829년 자경전에서 열린 내진찬에서 왕실 참석자가 받은 한 상의 메뉴

참석자	순조	순원왕후	효명세자, 신정왕후	명온공주	숙선옹주	복온공주, 덕온공주, 숙의 박씨, 영온옹주
가짓수	46그릇	34그릇	31그릇	25그릇	22그릇	21그릇
1	갖은 멥쌀시루떡	갖은 떡	갖은 떡	갖은 떡	갖은 떡	갖은 떡
2	갖은 찹쌀시루떡					
3	갖은 주악·화전	갖은 주악·화전·단자·잡과병	갖은 주악·화전·단자·잡과병			
4	2가지 단자·잡과병					
5	약밥	약밥	약밥	약밥	약밥	약밥
6	만두	만두	만두			
7	메밀국수	메밀국수	메밀국수	메밀국수	메밀국수	메밀국수
8	대약과	약과·만두과	약과·만두과	약과	약과	약과
9	다식과·만두과	3가지 다식	갖은 다식	3가지 다식	3가지 다식	3가지 다식
10	검은깨·밤 다식					
11	녹말·송화 다식					
12	2가지 매화 강정					
13	2가지 강정	2가지 강정	2가지 강정			
14	3가지 매화 연사과	2가지 매화 연사과	3가지 매화 연사과	3가지 매화 연사과	3가지 매화 연사과	3가지 매화 연사과
15	3가지 요화蓼花			3가지 요화	3가지 요화	
16	갖은 당糖	갖은 당				

17	용안·여지	용안·여지				
18	조란·율란 ·강란	조란·율란· 강란	조란·율란· 강란	조란·율란· 강란	조란·율란· 강란	조란·율란· 강란
19	세 가지 녹말떡	세 가지 녹말떡	세 가지 녹말떡	세 가지 녹말떡		
20	유자·귤	유자·석류·배	석류·배	석류·배	석류·배	석류·배
21	석류					
22	배					
23	곶감	곶감	곶감	곶감		
24	밤					
25	대추	대추·밤	대추·밤	대추·밤	대추·밤	대추·밤
26	잣	잣				
27	갖은 정과	갖은 정과	갖은 정과	갖은 정과	갖은 정과	갖은 정과
28	배숙					
29	화채 (유자, 석류, 배, 잣, 연지, 꿀)	수정과	수정과	화채	화채	화채
30	금중탕錦中湯	칠계탕七鷄湯	칠계탕			
31	잡탕雜湯	잡탕	잡탕	잡탕	잡탕	잡탕
32	말린 전복탕					
33	갖은 절육截肉	갖은 절육	갖은 절육	갖은 절육	갖은 절육	갖은 절육
34	편육	편육	편육	편육	편육	편육
35	소의 양 지짐· 해삼 지짐	소의 양 지짐· 해삼 지짐	소의 양 지짐· 해삼 지짐	갖은 전유화煎油花	갖은 전유화	갖은 전유화

36	간·생선 지짐	간·생선 지짐	간·생선 지짐			
37	꿩 한 마리 찜	꿩 한 마리 찜	꿩 한 마리 찜			
38	전복 홍합 볶음	전복 홍합 볶음	전복 홍합 볶음	전복 홍합 볶음	전복 홍합 볶음	전복 홍합 볶음
39	갖은 산적 華陽炙	갖은 산적	갖은 산적	갖은 산적	갖은 산적	갖은 산적
40	붕어찜	어만두	어만두			
41	어린돼지찜	어린돼지찜	어린돼지찜	여러 가지 고기찜		
42	어채					
43	3가지 천엽회	2가지 천엽회	2가지 천엽회	2가지 천엽회	2가지 천엽회	2가지 천엽회
44	꿀	꿀	꿀	꿀	꿀	꿀
45	겨자즙(꿀, 식초)	겨자즙	겨자즙	겨자즙	겨자즙	겨자즙
46	초장 (식초, 간장, 잣)	초장	초장	초장	초장	초장

달랐다. 가령 순조에게 올린 '갖은 멥쌀시루떡'의 높이는 2척 2촌인 데 비해, 순원왕후의 것은 1척 5촌이다. 효명세자와 세자빈에게 올린 '갖은 떡'의 높이는 1척 7촌인 데 비해, 명온공주의 것은 1척 3촌, 숙선옹주·복온공주·덕온공주·숙의 박씨·영온옹주의 것은 1척 1촌이다.

《기축진찬의궤》에는 앞서 소개한 왕실의 참석자 외에도 순조의 친인척 여인, 자경전 밖 별도의 장소에 참석한 내외빈, 그리고 참석하지 못한 신하들에게 선물로 보낸 상차림의 음식 목록이 적혀 있다. 심지어 행사에 참여한 여관과 내시, 진찬소의 일꾼과 공연자에게 내려준 음식의 목록과 잔치를 성공리에 마치도록 애쓴 모든 관리와 하급 일꾼에게 상을 내린 기록도 나온다. 그중에는 내진찬 음식 요리를 총감독한 사옹원의 숙설소 반감 전영서全榮瑞의 이름도 보인다.

식사로 제공된 메밀국수

반감 전영서가 감독하여 만든 음식 중에서도 메밀국수는 순조를 비롯한 모든 왕실 참석자와 친인척, 내외빈, 신하 들이 받은 상차림에 빠지지 않고 올랐다. 《기축진찬의궤》에는 '면麵'이라고 적혀 있는데, 들어간 재료를 통해 이 음식이 메밀국수임을 확인할 수 있다.

조선 왕실에서 메밀국수를 잔치의 메뉴로 처음 쓴 것은 1765년(영조 41) 음력 10월 11일, 경희궁 경현당景賢堂에서 열린 영조 즉위 40주년 기념 연회에서였다. 이날 잔치에는 메밀국수가 무려 300그릇이나 올랐으며, 이후 왕실 잔치에서 차려진 '면'은 모두 메밀국수를 의미했다. 고종 때의 기록에는 '골동면骨董麵'이라고도 적었다.

한편 민간에서도 골동면이라는 이름을 사용했는데 홍석모는 《동국세시기》 11월 편에서 평양의 골동면 만드는 법을 다음과 같이 적어놓았다. "국수에 여러 가지 채소와 배, 밤, 소고기, 돼지고기 편육, 기름장을 넣고 섞은 것을 골동면이라고 부른다." 이 골동면은 요사이의 비빔냉면과 유사한 음식이지만, 순조가 받은 왕실의 골동면과는 모양과 맛을 내는 법이 완전히 달랐다.

그럼 순조가 받은 '면'의 구성을 살펴보자. 메밀국수 10사리沙里, 우내심육牛內心肉 반, 계란 10개, 간장 3홉合, 후춧가루 1작勺이다. 사리는 국수·새끼·실 따위를 헝클어지지 않게 사려놓은 뭉치를 가리킨다. 우내심육은 안심으로, 소 한 마리에서 아주 소량밖에 얻을 수 없는 최고급 부위다. 이 우내심육을 잘게 저며서 간장·계란·후춧가루를 넣고 완자를 만들었을 것이다. '면'을 그릇에 담는 순서는 다음과 같았을 테다. 먼저 메밀국수 10사리를 간장으로 간을 맞추어 그릇에 담는다. 완자와 함께 지단을 그 위에 올림으로써 진찬에 올릴 '면' 한 그릇이 완성된다.

순조의 오랜 통치를 송축하고 장수를 기원하는 경사로운 잔칫날 풍경과 대비되게도, 순조의 자녀들은 천수를 누리지 못했다. 건강이 좋지 못했던 순조의 네 공주는 모두 오랜 투병 생활을 하다가 10대 혹은 20대에 세상을 떠났으며, 심지어 효명세자는 기축년 진찬이 있고 바로 다음 해에 만 21세의 나이로 요절하고 말았다. 아버지 순조를 위해 최고 규모의 진찬을 직접 주관하고 할아버지 정조와 같이 왕권 강화의 야심을 품었던 효명세자는 왕위에도 오르지 못한 채 세상을 떠난 것이다. 당시 관료들은 "하늘이 우리나라를 망하게 하려고 하는가?"라고 하면서 슬픔을 이기지 못했다고 전한다.

〈어장漁場〉

전 김홍도,《단원풍속도첩檀園風俗圖帖》, 19세기 초반, 28×23.8cm, 국립중앙박물관 소장.

15

조기잡이 풍성하니 어깨춤이 절로 나네

나무들이 마치 집의 울타리처럼 촘촘히 꽂혀 있다. 이 시설은 조선시대에 생선을 잡는 데 사용했던 '어살漁箭'로 보통 싸리나무, 대나무, 엄나무같이 굵고 긴 나무 따위를 개울, 강, 바다에 새의 날개 모양으로 둘러 꽂아서 만들었다. 어살 위에는 십여 마리의 갈매기가 앉아 있다. 이미 물속에서 먹이를 잡아 입에 넣은 듯하다. 이 좋은 기회를 놓치지 않기 위해 또 다른 무리의 갈매기 떼가 먹이를 향해 돌진하는 중이다. 어살의 가장 오른쪽에 앉은 두 마리의 왜가리 역시 배가 부른지 갈매기 떼를 바라보고 있다.

돛대가 없는 평평한 나룻배 세 척도 보인다. 이 중 두 척은 어살 가까이에서 생선을 싣고 있는데 조선시대엔 이런 배를 '간수선看水船'이라고 불렀다. 어살 안에서는 맨상투의 두 남성이 어디에 발을 딛고 있는지 몰라도, 생선을 담은 광주리를 어살 너머 사람에게 건넨다. 어살에 다가간 간수선에도 맨상투의 남성 셋이 보인다. 맨 앞에 선 남성은 어살 안의 수염을 기른 사나이에게서 생선이 담긴 광주리를 건네받는다. 가운데에 앉은 남성은 바쁜 와중에도 담뱃대를 입에 물고 있다. 그의 뒤에는 질그릇에 유약을 바르지 않고 참나무 연기만을 쐬어 만든 '푸레독' 두 개가 놓였다. 배 꽁무니의 젊은 사내는 양손으로 노를 꽉 쥐고 배가 움직이지 못하도록 용쓰고 있다.

다른 한 척의 간수선 위에는 아궁이가 보이고 솥도 두 개나 걸렸다. 벌써 무언가를 안치고 있는지 배 꽁무니에 앉은 어린아이가 불을 지핀다. 푸레독 속에 나무 막대기를 박고 두 팔을 기댄 아이는 솥에서 나는 구수한 냄새에 음식이 다 되기를 기다리는 눈치다. 그런 사정을 아는지 모르는지 뱃머리에 있는 남성은 왼손에 생선 두 마리를 들고서 어깨춤을 추는 듯하다. 그림 하단에는 이미 작업을 마치고 육지로 돌아가는 배 한 척이 보인다. 햇빛을 가리기 위해 짚으로 엮은 가리개로 배를 덮었다. 그 안에는 맨 상투의 남성 셋이 앉아 있고 생선이 가득 담겼을 광주리가 놓여 있다. 이 배의 노를 쥔 남성은 두 간수선에서 벌어지는 모습을 바라보고 있다.

《단원풍속도첩》이 모사본인 이유

이 그림은 김홍도의 작품집으로 전해지는 《단원풍속도첩檀園風

俗圖帖》에 속한 25점 중 하나다. 국립중앙박물관에서 소장하고 있는 《단원풍속도첩》은 보물 제527호로 지정되었으며 뛰어난 작품성과 내용의 다양성으로 널리 알려져 있다. 그런데 미술사학자 강관식은 2012년에 발표한 논문에서 《단원풍속도첩》이 후대의 모사본일 가능성이 크다는 문제를 제기했다. 이후 여러 학자가 논쟁에 뛰어들었고, 그 결과 미술사학계에서는 《단원풍속도첩》을 김홍도의 작품이 아닌 후대의 화가들이 베껴 그린 것이라고 본다. 그래서 이 도첩의 저자를 소개할 때는 '전傳 김홍도필筆'이라고 적는다.

《단원풍속도첩》이 후대 화가의 모사본이라고 볼 수 있는 단서는 여러 가지다. 첫 번째는 이 화첩의 제목이 제작 시점인 18~19세기에 지어진 게 아니라는 점이다. 1918년 조선총독부박물관은 김한준金漢俊(혹은 조한준趙漢俊)이라는 사람이 가지고 온 화첩을 구입했는데, 이 화첩에는 제목이 붙어 있지 않았다. 25점 가운데 13점에는 글자를 음각으로 새긴 백문방인白文方印으로 '김홍도인金弘道印'이 찍혀 있을 뿐이었다. 더군다나 화첩에 포함된 25점의 그림이 규격과 화법에서 큰 차이가 없자, 박물관 관계자가 표지에 '단원 김홍도필 풍속화첩'이라고 적으면서 이름이 확정되었다.

두 번째는 영국박물관British Museum에서 《단원풍속도첩》과 유사한 20여 점의 그림이 수록된 화첩을 소장하고 있는데, 여기에 '문혜산장文蕙山章'이라는 도장이 찍혀 있다는 사실이다. 영국박물관이 1961년에 일본 긴치서점Kinchi Shoten에서 구입한 이 화첩은 아마도 식민지 시기에 '혜산'이란 호를 쓰고 성이 문씨인 화가가 그린 모사본인 듯하다. 이 화첩의 존재를 통해 국립중앙박물관이 소장한《단원풍속도첩》도 김홍도 이후의 화가들이 그림 공부를 위해 마련한 모사본일 가능성을 추정할 수 있다. 이외에도 손 모양의 오류 같은 그림 수준과 기법의 차이로 미루어 보아 김홍도의 그림이라고 보기 어렵다는 것이 미술사학계의 중론이다.

따라서《단원풍속도첩》은 19세기 도화서 화원들이 그림 연습을 위해 교본을 베껴 그린 모사본일 가능성이 크다. 이처럼 비슷한 유형의 모사본이 여러 점 발견되는 배경엔 정조의 정책이 있었다. 정조는 규장각奎章閣에 '차비대령화원差備待令畵員'이라는 직책을 두어 이들로 하여금 수시로 도화서 화원들을 대상으로 '녹취재祿取才'라는 시험을 주관토록 했다. 시험 과목 중에는 '속화俗畵', 곧 풍속화도 있었으니 시험 준비를 위한 교재로《단원풍속도첩》이란 제목이 붙은 화첩이 사용되었고 그것이 여러 점 전해왔을 가능성이 크다.

조선시대 서해안의 어살 고기잡이

조선시대에 어부는 사농공상士農工商에도 들지 못했던 천민 중의 천민이었다. 조선 왕실은 먼 바다로 나가서 어로하는 것을 법

〈전라도무장현도全羅道茂長縣圖〉의 부분
어전세를 걷기 위해 쓰인 지도로, 지금의 고창군과 부안군 앞바다에 설치된 어살이 그려져 있다.
국립중앙박물관 소장.

으로 금지했지만, 육지와 가까운 바다에서 행하는 어업에는 무척 관심을 보였다. 특히 경기도 서해안 일대에는 소금을 생산하는 '염소鹽所'가 남양·안산·수원·부평 등지의 도호부에 소속된 것만 해도 83곳이나 있을 정도로 널리 용인되었다. 왕실의 친척들이 소금 판매를 독점하여 부를 축적했기 때문이다.

염소 근처에는 어장이 있었다. 서해안의 어장에서는 배를 타고 나가 그물로 물고기를 잡는 방법 외에, 그림처럼 어살을 이용하는 경우도 많았다. 조선 왕실에서는 어살을 설치하는 일을 관청에서 관리하도록 했다. 중앙의 호조, 도의 관찰사, 고을의 사또는 어살마다 어획량에 관한 장부를 만들어서 어민들로부터 '어전세漁箭稅'라는 세금을 거두어들였다.

어살은 밀물과 썰물의 차이가 심한 바다에 설치했는데 서해안은 이런 자연조건을 잘 갖춘 곳이다. 그림에서 보이듯이 생선이 들어올 수 있는 길을 지그재그 형태로 만든 후, 맨 끝에 사각형의 어장을 만든다. 썰물에 맞추어 어살로 나가면 미처 빠져나가지 못한 생선들이 걸려 있고 어부는 이를 광주리에 담기만 하면 된다. 어살 안에서 작업하는 어부는 말뚝으로 박은 큰 나무 위에 올라서서 간수선의 어부에게 생선을 넘긴다.

이런 형태의 어살만 있는 것은 아니다. 거센 물살이 지나는 좁은 바다에 대나무 발을 설치해 멸치를 잡는 죽방렴竹防簾도 어살의 한 종류다. 또 돌로 어살을 만들기도 했는데 이를 충청도와 전라도 서해안에서는 '독살', 남해안에서는 '돌발'이라고 불렀다. 육지 쪽으로 움푹 들어간 해안이 넓어지는 길목에 돌을 쌓아 막거나, 갯벌에 돌로 낮은 둑을 만들어 독살을 설치한다. 그러면 썰물 때 휩쓸려 왔다가 밀물 때 독살에 갇혀 나가지 못하는 물고기들을 손쉽게 잡을 수 있었다.

때를 맞추어 이동하는 생선

어살에 나가 푸레독에 생선을 가득 채우는 일은 그물로 물고기를 잡는 것보다 훨씬 수월했을 것이다. 그래서 그림 속 가장 나이가 많은 남성은 담뱃대까지 물고 여유를 부릴 수 있는지도 모르겠다.❶ 한편 바로 옆의 배에서는 어떤 음식을 만들고 있을까?❷ 솥이 두 개인 것을 보니, 큰 솥에는 밥을 짓고 작은 솥에는 찌개를 끓이는 듯하다. 곡물로 지은 밥에 갓 잡은 생선을 넣고 끓인 찌개는 노동으로 주린 배를 채워줄 귀중한 식사였을 것이다.

어부가 손에 쥔 생선은 참조기를 닮았다. 조기는 한자로 '석수어石首魚'라고 적었는데 조선시대 문헌에서 석수어는 민어, 참조기, 부세, 황석어 등을 두루 부르는 말이었다. 모두 머릿속에 돌처럼 단단한 뼈가 두 개씩 있어 '석수石首'라는 이름이 붙여졌다. 참조기를 잘 말린 것이 바로 지금도 이름난 전라남도 영광의 굴비다. 참조기는 정확하게 시기를 맞추어 일정 해역에 떼를 지어 모인다. 그래서 예전에는 약속을 잘 지키지 못하는 사람에게 "조구만도 못한 놈"이라는 욕을 하기도 했다.

연평도에서는 병자호란 이후 청나라에 반발했던 임경업林慶業(1594~1646) 장군이 어살로 조기를 잡았다는 이야기가 다음과 같이 전해지기도 한다.

> 병자호란으로 나라가 어지러울 때 임경업 장군이 명나라와 연합하여 청나라를 물리치자는 밀서를 보내려다 발각되어 중국으로 도피를 떠난다. 중국으로 향하던 도중 연평도에 들른 임경업 장군은 먹을 것을 마련하면서 선원들에게 가시가 있는 엄나무로 어살을 만들도록 명령한다. 그랬더니 다음 날 아침에 수천 마리의 조기가 엄나무 발에 꽂혀 있었다. 이후 조기잡이를 하는 어부들은 어살을 이용하여 조기 잡는 법을 가르쳐준 임경업 장군의 사당에 참배하고 풍어를 기원하는 풍습을 갖게 되었다.

참조기는 말리거나 소금에 절여서 숯불에 굽거나, 솥에서 쪄내

면 고소한 맛이 어느 생선보다 뛰어나다. 더욱이 비늘을 따로 벗겨낼 필요도 없고 창자도 그대로 먹을 수 있어, 다른 생선처럼 별도의 손질을 하지 않아도 된다. 그래서 조선 후기 한양의 어물전이나 서해안의 포구에는 소금에 절여 만든 조기포나 조기젓이 넘쳐났다. 18~19세기 조선에서 인기가 많았던 참조기를 넉넉하게 잡고 있으니, 어부는 자랑 삼아 생선 두 마리를 들고 어깨춤을 춘다.❸

〈야연野宴〉
작자 미상, 19세기,
76×39cm,
국립중앙박물관 소장.

16

숯불 쇠고기에 한잔 술, '야연'의 희열

남녀노소 일곱 명이 소나무 아래에 화문석을 깔아놓고 둘러앉았다. 한가운데에는 화로가 놓였고, 불판 위엔 붉은색 고깃덩어리가 보인다. 불판 오른쪽에는 고기와 채소가 넉넉히 담긴 대접이 있다. 그 옆에 보이는 소반 위에는 각양각색의 그릇 다섯 개가 놓였다. 탕건만 쓴 남성의 오른쪽에는 술병도 놓여 있다. 이 그림은 야외에서 고기와 채소를 구워 먹는 모습을 그렸다고 하여 '야연野宴'이란 제목으로 불린다. 그래서인지 그림을 자세히 보면 사람들의 표정과 행동에 흥이 가득하다.

그림 속 등장인물들

그림상으로는 왼쪽이지만, 가장 상석인 북벽에 앉은 남성의 자리에는 털방석이 깔렸다. 모임에서 가장 나이가 많은 사람으로 보인다.❶ 그는 지금 막 오른손으로 고깃덩어리 한 점을 집어 입에 넣고 있고, 왼손으론 붉은색 접시를 들고 있다. 바지저고리에 무명 두루마기를 걸치고 머리에는 방한용 쓰개인 남바위까지 쓰고 있는 것으로 보아, 야연을 벌이고 있는 때가 한겨울임을 짐작하고도 남는다.

양옆에 앉은 두 사람은 북벽에 앉은 이의 나이나 지위에 미치지 못하는 듯하다. 왼쪽에 앉아 젓가락으로 집은 고기 한 점을 막 입에 넣고 있는 사람은 검은색 두건을 썼다.❷ 이 두건은 벼슬자

리를 물러난 선비가 쓰는 것이다. 이 사람 역시 왼손에 붉은색 접시를 들고 있다. 북벽 오른쪽에 앉은 이는 탕건을 쓰고 두루마기 위에 조끼의 일종인 검은색 쾌자快子를 걸쳤다.❸ 양손에 술병과 술잔을 쥔 이 남성은 막 한 잔을 마셨는지, 앞에 앉은 여성이 건네주는 잘 익은 고기 한 점을 받아 먹을 작정이다.

트레머리를 한 여성은 북벽의 노인처럼 털방석을 깔고 앉았다.❹ 녹색 저고리에 남색 치마를 입었고, 그 맞은편에도 자주색 저고리에 남색 치마를 입은 여성이 앉았다.❺ 차림이나 행동으로 보아 둘은 여염집 여성이 아니라 기생이다. 사대부 남성들이 야연을 열면서 부른 모양이다. 자주색 저고리를 입은 기생은 머리에 무명 수건을 두르고 앉아 고기가 익기를 기다리는 듯, 불판만 뚫어지게 보고 있다.

그림에서 화로 오른쪽의 남색 두루마기에 갓을 쓴 남자는 앳된 얼굴만 보아도 등장인물 중 가장 젊다.❻ 고기가 잘 구워지도록 바쁘게 젓가락질하고 있고 고기와 채소를 담은 대접이 앞에 놓여 있는 걸 보아, 이 사람이 바로 굽기 담당인 모양이다. 북벽의 노인과 달리 무명으로 만든 방한모인 삼산건三山巾을 목덜미에

❺

❻

둘렀다. 허리춤에 찬 주머니의 매듭이 이색적이다.

그 뒤로 한 남성이 가죽신을 신은 채 서둘러 돗자리 위로 올라오고 있다.❼ 이렇게 재미있는 자리에 자신을 빠트릴 수 있냐는 듯 서운한 표정이다. 붉은 끈으로 두루마기의 허리를 두른 것이나 남바위를 쓴 것으로 보아 북벽에 앉은 사람과 비슷한 지위의 인물로 보인다.

비슷하면서 다른 성협의 그림

〈야연〉의 작가가 누구인지는 알려지지 않았으나, 구도와 기법으로 보아 19세기 초반에 그려진 것으로 짐작된다. 이와 주제 및 표현 방식이 유사하여 함께 살펴볼 만한 그림이 두 점 더 있다. 한 작품은 프랑스의 국립기메동양박물관Musée national des Arts asiatiques-Guimet에 소장된 그림으로, 1901년 7월 프랑스 인류학자 루이 마랭Louis Marin이 서울에 잠깐 머물렀을 때 사들인 8폭짜리 병풍 중 한 폭이다. 〈야연〉과 한 작품으로 보일 만큼 비슷한데, 소나무 위에 흰 눈이 쌓여 있는 모습만 다르다. 일부 학자들은 이 그림을 김홍도가 그렸을 것이라고 추정하기도 한다.

〈설후야연〉
원광대학교 문화재보존수복연구소가 복원한 것으로,
원본은 프랑스 국립기메동양박물관이 소장하고 있다.

〈야연〉
성협,
《성협풍속화첩成夾風俗畵帖》,
33.2×33.4cm,
국립중앙박물관 소장.

또 다른 작품은 19세기에 활동한 화가로 여겨지는 성협成夾의 그림이다. 앞서 본 작품들과 달리 등장인물이 다섯 명이고 모두 남성이다. 이들 역시 빙 둘러앉아서 가운데 화로를 놓고 불판을 얹어 고기를 굽고 있다. 안쪽에는 남바위를 쓴 두 노인이 앉았다. 한 노인은 오른손으로 고기를 집어 입으로 후후 식히고 있고, 왼손에는 고기를 담은 접시가 들렸다. 그 옆의 노인은 젓가락으로 불판 위 고기를 집으려 한다. 오른쪽에는 갓을 쓰고 도포를 입은 사내가 머리를 바깥으로 돌려 술을 마시고 있다. 그의 옆에는 흰색 도자기로 빚은 술병이 보이는데 입구가 좁은 것으로 보아 청주가 담겼을 것으로 여겨진다.

그림에서 가장 왼쪽에 앉은 사람은 머리에 흰색 두건을 썼는데, 그 모습을 보아 상갓집의 상주인 듯하다. 조선시대에 부모를 여읜 상주는 상중에 고기를 먹지 말아야 했다. 그런데도 이 사람은 오른손에 접시를 들고 왼손에 쥔 젓가락으로 고기를 불판 위로 옮기는 중이다. 오른쪽에 앉은 젊은이는 유생들이 도포에 갖추어 쓰던 복건幅巾 차림이다. 장가를 가지 않은 사대부 총각으로 보이는 이 사람은 아예 손으로 고기를 집어 먹고 있다.

그림 상단에는 다음과 같은 한문이 적혀 있다. "술잔과 젓가락 늘어놓고 이웃 모두 모인 자리, 버섯과 고기 정말 맛이 있네. 늘그막의 식탐이 이렇게 하여 풀리겠냐만, 푸줏간 앞에서 입맛만 다시는 사람 꼴은 되지 말아야지. 杯箸錯陳集四隣 香蘑肉膞上頭珍 老饞於此何由解 不效屠門對嚼人" 이 글을 쓴 사람은 남바위를 쓴 노인 중 한 사람이 아니었을까? 늘그막에 이웃들과 모여서 버섯과 고기를 구워 먹으니 식탐이 절로 솟구친다는 것이다. 그런데 마지막 구절은 이 화제의 저자가 허균許筠(1569~1618)이 집필한 《도문대작屠門大嚼》을 읽지 않았을까 생각하게 만든다.

허균은 1611년 유배로 내려간 전라도 함열현咸悅縣(지금의 익산시 함열읍)의 초가에서 《도문대작》의 서문을 썼다. "쌀겨조차 부족했고 밥상 위의 반찬이라곤 썩어 문드러진 뱀장어나 비린 생선에 쇠비름과 미나리뿐이었다. 그나마 하루에 간신히 두 끼를 먹다 보니 종일 배가 고팠다." 어릴 적부터 입맛이 남달랐던 허균에게 유배지 생활은 참으로 곤궁했던 모양이다. 결국 허균은 "여러 음식을 종류대로 나열해 기록하고 때때로 보면서 고기 한 점을 눈앞에 둔 셈" 치기 위해 글을 썼다. 그리고 글의 제목을 '푸줏간 앞에서 크게 입맛을 다시다'라는 뜻으로 《도문대작》이라고 붙였다. 성협의 그림에 화제를 적은 사람은 허균처럼 되지 않겠다는 자신의 다짐을 밝혀놓은 듯하다.

고기 굽는 불판, 전립투

세 점의 그림에서 공통적으로 눈여겨봐야 하는 물건이 하나 있다. 바로 등장인물들이 시선을 두고 있는 화로 위의 불판이다. 그림이 그려진 시기와 비슷한 시대를 살았던 유득공은 서울의 세시풍속을 기록한 《경도잡지京都雜誌》의 〈주식酒食〉에서 이 불판을

'전립투氈笠套'라고 적었다.

본래 전립투는 조선시대 죄인을 다스리는 병졸이 쓰던 모자를 부르던 말이었으나 불판이 그 모양을 닮아서 붙여진 이름이라고 했다. 실제로 모자를 거꾸로 뒤집어놓은 듯한 모양으로 가운데가 움푹 들어가 있어, 여기에 물을 부어 채소를 데치고 그 둘레에 고기를 얹어 구웠다고 한다. 유득공은 전립투에 구운 음식은 안주나 반찬으로 두루 좋다고 적었다.

역시 비슷한 시기를 살았던 서유구徐有榘(1764~1845)는 이 불판을 '적육기炙肉器'라고도 부르며 "전립을 거꾸로 누인 것과 같은 모양"이라고 적었다. 그러면서 이것을 숯불 위에 두고 달군 다음, 잘게 자른 무·미나리·파를 복판의 우묵한 데 담가 익혀서 간장에 찍어 먹는다고 했다. 또 고기 굽는 방법으로는 종잇장처럼 얇게 썬 고기를 먼저 양념에 재운 뒤 적육기의 둘레 사면에 구워서 먹는다고 적었다. 서유구는 서너 사람이 적육기 주위에 둘러앉아 고기와 채소를 익혀 먹기 좋다는 말도 덧붙였다.

왕실에서는 이 적육기를 '전철煎鐵'이라고 불렀다. 1868년(고종 5) 음력 12월 6일 고종은 대왕대비 신정왕후 조씨의 회갑을 맞이하여 경복궁의 강녕전康寧殿에서 큰 잔치를 열었다. 이날 밤에 열린 야진찬夜進饌에선 전철이 차려졌다. 행사 내용을 기록한 《무진진찬의궤戊辰進饌儀軌》에서는 이 음식을 '대왕대비전진어전철안大王大妃殿進御煎鐵案'이라고 적었다. 각종 재료를 유기와 당화기唐畵器 열 그릇에 담아서 냈고 화로 위에는 전철을 별도로 올렸다고 하는데, 이처럼 전철에서 굽는 음식을 '전철안'이라고 부른 것이다.

전철안의 주재료로는 소고기 우둔살·갈비·안심·콩팥·양䏔, 꿩고기, 참기름, 생강, 파, 후춧가루, 마늘, 잣, 간장, 깨 등이 마련되었다. 이외에 무·미나리·도라지·표고버섯·고추·고사리 등의 채소, 메밀국수, 달걀, 참기름 등도 갖춘다고 적었다. 채소 역시 움푹 들어간 전철 중앙에 물을 부어 익혀 먹는 재료였으며, 가장 마지막에는 우러난 육수에 메밀국수를 넣어 먹었을 것이다. 이외에도 배·곶감·밤 같은 과일, 갖은 정과, 화채, 김치, 참기름, 겨자즙 등 전철안에 필요한 반찬과 양념 들이 상 위에 올랐다.

홍석모는 《동국세시기》 10월 편에서 숯불을 피워놓고 번철燔鐵(솥뚜껑처럼 생긴 무쇠 그릇)을 올려놓은 다음 참기름·간장·달걀·파·마늘·고춧가루로 양념한 소고기를 둘러앉아 구워 먹는다고 서울 풍속을 소개하면서, 이런 모임을 '난로회煖爐會'라고 부른다고 적었다. 전립투에 고기와 채소를 익혀 먹는 난로회는 18세기 후반부터 서울의 사대부 사이에서 유행한 듯하다. 정조도 11월이 되면 신하들과 시회詩會를 겸하여 여러 차례 난로회를 열었다.

19세기 초반이면 한겨울에 야외에서 난로회가 열리는 모습을 쉽게 볼 수 있었을 것이다. 특히 한양에서 권력과 돈을 쥐고 있던 경화세족의 남성들은 우금령牛禁令이 실시되고 있는 상황에서도, 난로회를 핑계로 소고기 탐식에 열중했다. 19세기 중반에 들자 왕실의 공식적인 잔치에도 전철안이 올라올 정도였으니 난로회와 그 음식의 인기는 대단했을 것이다. 그래서 이름 모르는 작가와 성협이 이 장면을 놓치지 않고 포착한 것은 아닐까?

〈동래부사접왜사도東萊府使接倭使圖〉
작자 미상, 《동래부사접왜사도병東萊府使接倭使圖屛》, 19세기 초반, 85×46cm, 국립중앙박물관 소장.

17

일본 사신, '승가기'를 동래부사에게 바치다

그림 속 건물의 현판에는 '연대청宴大廳'이라는 글자가 새겨져 있다. 연대청은 지금의 부산인 동래東萊의 수령 동래부사東萊府使가 일본의 사절 왜사倭使에게 연회를 베풀던 장소로, 17세기 후반 용두산 부근에 지어졌다. 연대청의 대청마루 동쪽에는 사모관대를 정갈하게 차려입은 조선 관리 두 사람이 의자에 앉아 있다.❶ 아마도 왼쪽이 동래부사, 오른쪽이 부산첨사釜山僉使(군사적 거점이었던 부산진의 책임자)인 듯하다. 이들은 입식 의자인 교의에 앉아 상을

하나씩 받았는데 그 위엔 백자 그릇이 네 개 놓였다.

두 사람 뒤로 옥색 두루마기 차림에 갓을 쓴 수령 일곱 명과 좌수座首 네 명이 보인다. 부산첨사의 오른쪽에는 부관인 훈도訓導와 별차別差가 서 있다. 훈도는 일본어 통역관이면서 왜관의 각종 일을 관리하는 관원이다. 별차 역시 일본어 통역관으로 훈도의 업무를 도왔다. 이들 앞에는 관아에서 각종 심부름을 맡았던 구실아치인 통인通引 두 명이 마치 요즘의 웨이터처럼 술잔이 놓인 쟁반을 높이 들고 있다. 오른쪽의 천으로 시야를 가린 곳에서도 통인 세 사람이 분주해 보이는데 아마도 잔에 술을 따르고 있는 듯하다.

연대청의 한가운데에는 올림머리를 한 네 여성이 춤을 추고 있다.❷ 이들의 오른쪽에 있는 세 여성도 다음 순서에 춤을 추려고 기다리는 중인 듯하다. 이들은 모두 관아에 소속된 기생으로 보인다. 마루 밖에는 악공 여섯 명이 향피리·젓대·해금·북·장구 등을 연주하며 열심히 풍악을 울린다. 계단 아래 마당에는 수십 명의 군관이 군기를 들고 도열해 있다.

대청마루의 서쪽에는 왜사와 수행원 들이 자리를 잡았다.❸ 일본의 관모인 에보시烏帽子를 쓴 네 명은 맞은편의 조선인 관리와 마찬가지로 상을 하나씩 받았고, 옆에 시종을 한 명씩 두고 있다. 이 왜사들 중 가장 오른쪽에 앉은 사람이 사절단의 대표인 정관正官이다. 왼쪽 방향으로 순서대로 도선주都船主(배의 선장), 압물押物(조공과 교역품을 관리하는 관원)과 시봉侍奉(정관의 비서)이다. 이들 옆에 앉은 시종은 통역관일 가능성이 크다.

비슷하지만 조금씩 다른 세 점의 《동래부사접왜사도병》

이 그림은 국립중앙박물관에서 소장하고 있는 《동래부사접왜사도병東萊府使接倭使圖屛》 중 마지막 폭이다. 병풍은 동래부사가 쓰시마섬對馬島에서 온 일본 사절단을 맞이하는 의례 장면을 연속적으로 묘사한 10폭의 그림으로 이루어져 있다. 제1폭에서 제7폭까지는 동래부사가 윤산輪山 아래에 자리한 동래성에서 출발해 초량왜관草梁倭館(초량은 지금의 부산시 중구 남포동·신창동·중앙동·광복동 일대)의 설문設門으로 들어가는 행렬 장면이다. 제8폭에는 초량왜관의 객사客舍에 도착한 왜사들이 조선의 임금을 상징하는 전패殿牌에 숙배肅拜하는 모습이 그려져 있다. 제9폭은 조선인 통역관의 사무실과 숙소였던 성신당誠信堂과 빈일헌賓日軒의 전경이다.

앞서 본 그림이 바로 《동래부사접왜사도병》의 제10폭이다. 동래부사는 조선에 도착한 왜사에게 여러 연향을 베풀었는데, 우선

왜사들이 동래에 막 도착하여 배에서 내리면 '하선연下船宴'으로 그들을 맞이했다. 그 후 왜사들은 쓰시마 영주가 동래부사에게 바치는 서신을 봉정奉呈하는데, 이것을 '다례의茶禮儀'라고 부른다. 업무를 마무리한 왜사가 동래를 떠날 때는 '상선연上船宴'을 베풀었다. 이와 같은 일련의 연향을 통틀어 '연향의宴享儀'라고 불렀고 그중에서도 제10폭은 동래부사가 쓰시마로 돌아가는 왜사들에게 연대청에서 상선연을 베푸는 장면이다.

한편《동래부사접왜사도병》이란 이름의 병풍은 총 세 점이 전한다. 국내에서는 국립중앙박물관과 국립진주박물관이 각각 한 점씩 소장하고 있는데, 본래 국립중앙박물관이 두 점을 모두 소장하고 있다가 국립진주박물관이 '임진왜란 전문 역사박물관'으로 일신하면서 한 점을 이관한 것이다. 이 외의 나머지 한 점은 일본의 도쿄국립박물관 소장본이다.《동래부사접왜사도병》세 점의 내용은 약간씩 다른데 모두 익명의 조선 화가가 그린 것으로, 한 점이 먼저 그려졌고 나머지는 이를 베껴 그린 모사본으로 추정된다.

찬은 7미로 하고, 술은 9작으로 한다

그렇다면 다시 국립중앙박물관 소장본의 제10폭 그림으로 돌아가보자. 동래부사와 부산첨사, 그리고 왜사 일행 네 사람 앞에는 어떤 음식이 차려졌을까? 그림만으론 파악하기 어렵지만 1802년(순조 2)에 간행된 《증정교린지增正交隣志》에 음식 구성을 비롯한 연향의의 내용이 기록되어 있어 그 대강을 짐작할 수 있다. 《증정교린지》는 외국어의 번역 및 통역을 관할했던 사역원司譯院의 당상역관 김건서金健瑞가 동료 이은효李恩孝, 임서무林瑞茂 등과 함께 편찬한 책으로, 조선 후기 일본을 비롯한 여러 나라와의 외교관계와 의례 절차를 담고 있다.

《증정교린지》 제3권의 '연향의' 항목에는 동래부사가 일본 사절단에 베푼 연회의 절차가 기록되어 있다. 글은 다음과 같이 시작된다. "꽃을 머리에 꽂고 풍악을 울리면 정재呈才(왕실 잔치의 춤과 노래)에 맞추어 기생이 춤을 춘다." 그림 속 춤추는 기생들과 악공 앞에 앉아 있는 기생들 머리에도 붉은색 종이꽃이 하나씩 꽂혀 있었을 테다.

그에 이어 "찬은 7미로 하고, 술은 9작으로 한다. 각자 교의를 앞에 두고 맨바닥에 죽 늘어앉는다"라고 서술한다. 하지만 그림에서 동래부사와 부산첨사, 왜사 일행은 맨바닥이 아니라 의자에 앉았다. 실제로 앞선 글에는 주석으로 "상선연에서는 맨바닥에 앉지 않는다"라고 적혀 있다. 따라서 그림의 장면이 상선연임을 《증정교린지》를 통해 확인할 수 있다.

참석자들이 자리를 잡으면 '다상茶床'이 차려지고 동시에 '9작'이 행해진다. 통인은 먼저 동래부사 앞에 술을 올린다. 동래부사는 술을 마시고, 빈 술잔을 통인에게 돌려준다. 통인은 그 술잔에 술을 부어 왜사 정관에게 올린다. 그러면 정관은 다 마시고, 다시

빈 술잔을 통인에게 돌려준다. 동래부사는 다시 술을 마시고 술잔을 왜사의 정관에게 전달토록 한다. 동래부사는 정관에게 술잔을 두 번 주지만, 정관은 동래부사에게 한 번만 준 셈이 된다. 하지만 둘은 도합 석 잔의 술을 마셨다. 여기까지는 동래부사가 주관한 3작이다.

동래부사는 정관에게 하듯 도선주에게도 술잔을 돌린다. 여기까지가 동래부사가 주관한 또 다른 3작이다. 이어서 동래부사는 압물에게, 압물은 동래부사에게, 동래부사는 다시 시봉에게 술잔을 돌린다. 동래부사와 압물·시봉이 주고받은 술잔이 마지막 3작이다. 이렇게 하여 총 9작이 마무리된다. 다음은 동래부사의 오른쪽에 앉은 부산첨사가 앞의 방식대로 술잔을 돌린다.

9작이 끝나면 일본 사신단은 동래부사, 부산첨사, 훈도, 별차의 앞으로 음식이 담긴 '상찬箱饌', 즉 나무 상자를 올린다. 9작이 끝났다고 해서 연회에서 술 마시기를 멈춘 것은 아니다. 계속해서 술을 마시다가 동래부사가 마지막으로 한 잔을 권하면 그제서야 연회는 끝난다. 한편 술은 9작인데 왜 음식은 '7미'로 일곱 번만 제공되었을까? 아마 첫 번째와 마지막 술에는 안주가 제공되지 않았기 때문이라고 추정해본다.

통역관이었던 오다 간사쿠小田管作는 1841년(헌종 7)에 펴낸《상서기문습유象胥紀聞拾遺》에 초량왜관에서 조선인으로부터 대접받은 술에 관해 다음과 같이 평했다. "청주라고 하는 것은 신맛이 난다. 탁주는 보리로 빚는 경우가 많은데, 탁주를 마시면 허리가 안 좋아 잘 걷지 못하게 된다. 이름난 술로는 계강주桂薑酒와 죽역주竹瀝酒 외에도 여러 가지가 있다. 모두 소주에다 계피·생강·꿀 등을 넣어서 맛을 부드럽게 한 것이다." 그래도 가장 흔히 마시는 술은 증류주인 소주라고 했다. 하지만 일본인은 증류주를 즐겨 마시지 않았으므로, 조선의 술을 두고 '독한 것'이라고 평가했다. 상선연 역시 초량왜관에서 동래부사의 주관하에 진행되었으므로 그림 속 인물들은 소주를 마셨을 테다.

초량왜관에서 가장 인기가 좋았던 '스기야키'

상선연에 오른 '7미'는 어떤 음식으로 구성되었을까? 이와 관련해 《증정교린지》에도 구체적으로 기록된 바 없지만, 조선시대 왕실 연회에서는 보통 일미一味마다 탕 한 가지에 반찬 두서너 가지를 차려 술을 올릴 때 함께 냈다. 다만 재판裁判(쓰시마에서 파견되어 초량왜관에 머물며 조선과 일본 사이의 외교 현안을 교섭했던 관직) 사지우에몬佐治宇右衛門이란 자가 쓴 《재판기록裁判記錄》 1730년 음력 8월 29일자에는 '상선연'의 접대 음식에 대한 기록이 다음과 같이 나온다.

> 콩과자 고임 1척, 콩강정 고임 8촌 5푼, 붉은색과 흰색 과자 고임 7촌, 흰색 떡 고임 6촌 5푼, 대구·방어·가자미·청어·전복·소고기·문어·꿩다리 고임, 메밀국수 한 그릇, 돼지수육 한 접시, 소고기구이 한 그릇, 잣·곶감·밤·대추·호두 두 접시, 생전복 3

개씩 담긴 두 접시, 배 두 접시, 감 두 접시, 말린 해삼 두 접시, 말린 홍합, 돼지 곱창, 돼지편육 두 접시, 생선 통구이 한 접시, 동과 김치 한 접시, 꿀 한 종지.

그런데 앞서 소개했듯이 《증정교린지》에 따르면 9작이 끝나고 일본 사신단은 동래부사, 부산첨사, 훈도, 별차에게 음식이 담긴 나무 상자, 곧 상찬箱饌을 올렸는데, 이 단어에 주목할 필요가 있다. 기본적으로 상찬에는 왜사가 쓰시마에서 준비해 온 일본 음식이 담겼을 것이다.

일본 음식 중에서도 초량왜관의 조선인에게 가장 인기가 좋았던 것은 '스기야키杉燒'였다. 이때 스기야키는 오늘날의 스키야키すき焼와 비슷한 듯하지만, 엄밀히 말해 다른 음식이다. 두 음식의 가장 큰 차이는 오늘날의 스키야키가 철로 만든 냄비에 소고기와 파 등을 넣고 일본간장·술·다시마로 간을 하는 것과 달리, 당시의 스기야키는 삼나무로 만든 상자나 판자가 반드시 필요했다는 점이다. 일본열도에서 쉽게 볼 수 있는 삼나무로 상자를 만들어 하룻밤 물에 담가두었다가 불 위에 올려 음식을 조리하면, 삼나무는 쉽게 타지 않으면서도 안에 있는 재료가 잘 익는다.

당시 스기야키는 국물이 있는 '스기바고야키杉箱燒'와 국물이 없는 '스기이타야키杉板燒' 두 종류가 있었다. 스기바고야키를 만들려면 삼나무로 된 상자인 스기바고杉箱가 있어야 한다. 이 스기바고 안에 육수를 붓고 된장을 풀어 끓이면서 대구나 제철 생선, 각종 채소를 넣어 먹는다. 스기이타야키는 삼나무로 만든 판자를 숯불 위에 올려놓고 재료를 구워 먹는 음식이다. 두 음식에서는 삼나무 향이 배어 나온다.

조선어 통사通詞, 곧 통역관을 지냈던 쓰시마 출신의 오다 이쿠고로小田幾五郎(1754~1831)는 《통역수작通譯酬酢》에서 조선 사람들이 스기야키를 정말로 좋아한다고 기록했다. 그러면서 "지난번에 동래부사 연향에 참석하러 오셨을 때, 의뢰하신 대로 스기야키를 요리했습니다. 굉장히 마음에 드셨던 모양입니다. 드시고 남은 것은 관녀官女와 여악인女樂人(춤을 추는 기생)에게도 내려주셨습니다. 연대청까지 가져오게 하여 드셨습니다. 스기야키는 부사뿐만 아니라 서울에서 내려오신 양반님들도 좋아하셨습니다"라고 적었다.

스기야키 외에도 인기 있던 일본 음식

서울 출신 이학규李學逵(1770~1835)는 1801년(순조 1) 초량왜관 인근인 김해에 유배되어 24년 동안 살았는데, 왜관에서 일본인들이 조선인 고관과 역관에게 대접한 일본 음식 중에서 가장 인기를 끈 것은 '승가기勝歌妓'라고 했다. 승가기의 국물이 신선로보다는 못하지만 객관客館에서는 이 음식을 안주 삼아 늦게까지 술을 마신다고 했다.

고관대작이나 맛볼 수 있는 조선의 신선로에 비해 돈만 있으면 아전들도 먹을 수 있었으니, 그 인기가 보통이 아니었던 모양이다. 그래서 이학규는 김해의 아전들이 시구詩句 하나 제대로 짓지 못하면서 승가기를 먹기 위해 거금을 들인다고 세태를 꼬집었다. 이학규는 김해의 거리에서 승가기 외에도 우동과 일본식 메밀국수와 감귤, 그리고 아메다마飴玉라고 불리는 사탕이 인기를 누린다고 했다.

심노숭 역시 서울 출신으로 이학규와 같은 해에 경상도 기장현(지금의 부산시 기장군)으로 귀양을 가서 6년간 살았는데, 유배 중에도 종종 근처 동래로 가서 일본 물건을 샀다. 그의 관심을 가장 많이 끈 것은 '왜로倭爐'라고 불렸던 일본 난로와 일본식 5단 찬합이었다. 또한 서울에서도 메밀국수를 즐겼던 심노숭은 기장 사람들이 동래 초량왜관에서 구해준 일본식 메밀국수를 먹고 기운을 차렸다고 한다.

19세기 초반 서울에 살던 빙허각 이씨가 쓴《규합총서》중 〈주사의〉에도 '왜면倭麵'이란 음식의 요리법이 나온다. 왜면은 "삶아 즉시 쓰면 짠맛이 있어 좋지 않으니, 오래 담가 우려 짠맛 빠진 후 다시 씻어 오미잣국이나 깻국에 쓰나니라"라고 설명했다. 또 '왜감자정과倭柑子正果'라는 일본 음식도 소개했는데, "일명一名은 유감柚柑으로, 알 맛은 감자柑子 같고 껍질은 유자柚子 같으니, 껍질 벗겨 유자 껍질 썰듯 하고, 알은 속의 허물을 각각 나지 않게 쪽 모양대로 곱게 벗겨 껍질은 삶아 곁에 놓고 꿀 녹여 부어 쓰나니라"라고 썼다.

이뿐만이 아니다. 이학규는 김해의 부자 아전들이 일본 부채인 소우센摺扇을 사용하고, 집에는 일본산 종이와 벼루를 갖추어놓고 처마에는 일본산 유리 풍경風磬을 달았다고 적었다. 심지어 일본 도박이 유행했으며, 부인들은 일본 양산을 들고 거리를 활보했다. 이학규의 눈을 통해 본 19세기 초반 왜관과 김해에는 왜속倭俗이 맹위를 떨치고 있었던 것이다.

실제로 17세기 들어와서 조선과 일본은 부산의 왜관을 통해 매우 활발히 교역하기 시작했다. 중국산 견직물과 생사生絲, 그리고 조선의 인삼은 왜관의 상인들이 가장 좋아하는 물품이었다. 조선 상인은 이것을 일본의 은과 맞바꿨다. 18세기 중엽에 들면서 거래하는 물품이 바뀌었는데 일본 상인들은 소가죽·목면·콩·명태·인삼 그리고 각종 약재를, 조선 상인들은 유기를 만드는 데 필요한 구리를 샀다. 날이 갈수록 왜관을 통해 거래되는 무역량이 늘어났다. 자연히 18세기 말부터 왜관과 그 근처의 상인들은 물론이고 관리·역관·아전 들 손에도 일본제 물품이 가득했다.

초량왜관에는 쓰시마에서 온 성인 남성만 해도 500여 명이 거주하고 있었다. 1876년(고종 13) 조일수호조규, 조일수호조규부록, 1877년(고종 14) 부산구조계조약 등 잇따른 불평등조약에 의해 초량왜관은 일본의 전관거류지로 탈바꿈해갔다. 1910년 한일합병조약 이후 동래는 '부산'이라는 이름으로 바뀌어 지금까지 유지되고 있다. 식민지 시기에 초량왜관의 동관東館 자리는 부산 최고 번화가인 혼마치本町가 들어서면서 그야말로 조선 속의 일본이 되었다. 이곳은 1945년 해방을 거쳐 1965년 한국과 일본 사이에 수교가 재개될 때까지, 그리고 1980년대 중반까지도 일본 식품이 한반도로 전해지는 첫 번째 창구였다.

〈**대쾌도**大快圖〉
유숙, 1846년,
104.7×52.5cm,
서울대학교박물관
소장.

18

세상은 혼란해도 술 한잔과 엿으로 태평성대를 꿈꾸다

세로가 긴 이 그림은 크게 세 부분으로 나누어 보면 좋다. 먼저 그림 상단에는 산자락과 나지막한 언덕이 보인다. 오른쪽에는 성벽의 일부를 외부로 돌출시켜 쌓은 치성雉城이 보이는데, 이를 통해 그림 속 장소가 성곽 바깥임을 알 수 있다. 중앙에선 두 사람씩 짝을 이루어 씨름과 택견을 겨루고 있고, 주위에 구경꾼들이 빙 둘러서서 시합을 지켜보고 있다. 그림 하단엔 시합이 진행되는 공터의 입구가 그려져 있다.

구경꾼들의 정체는?

씨름과 택견을 보고 있는 구경꾼의 수만 해도 60명을 넘는데

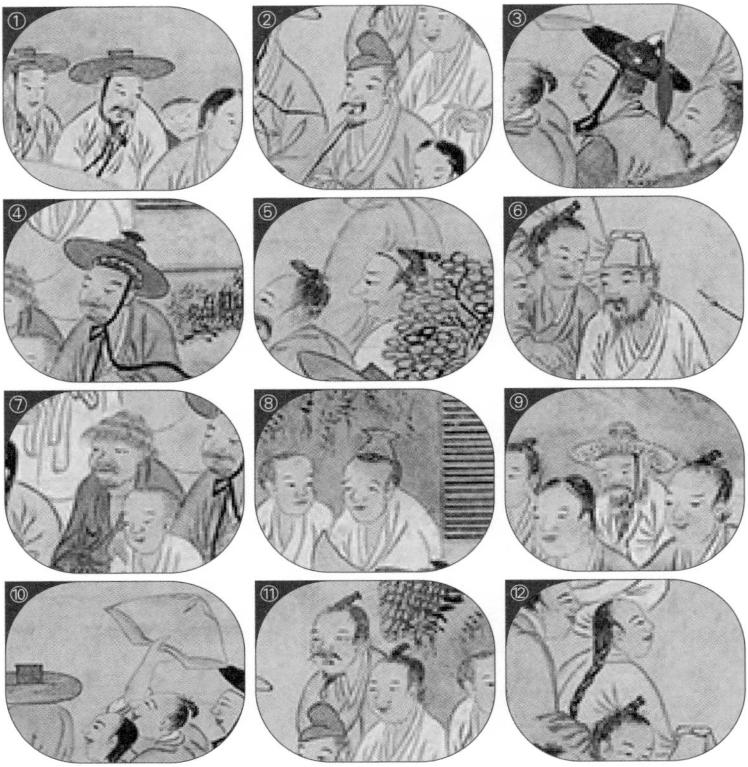

이들의 머리 모양새가 모두 제각각이다. 19세기 말에 한반도를 방문했던 서양인들은 이구동성으로 조선을 '모자의 나라'라고 불렀다. 특히 조선시대 남성의 모자는 신분과 직업을 드러내는 상징물이었다. 지금부터 그림 속 구경꾼들의 모자를 통해 이들의 신분을 한번 살펴보자.

① 갓과 도포를 갖추어 입은 사대부
② 상투를 틀고 망건을 머리에 두르고 탕건을 쓴 사대부

③ 철릭을 입고 전립戰笠이라는 모자에 붉은색의 상모象毛를 매단 무관
④ 붉은색 모자인 주립朱笠을 쓴 무관
⑤ 상투에 망건만 두른 사람
⑥ 상주의 모자인 굴건屈巾을 쓰고 나막신을 옆에 둔 서인
⑦ 정수리가 없이 뾰족한 원뿔형 송라립松羅笠을 쓴 승려
⑧ 대나무로 만든 감투인 대담투를 쓴 승려
⑨ 패랭이를 쓴 상인
⑩ 머리에 썼던 삿갓을 오른손에 들고 응원을 보내는 사람
⑪ 상투만 틀어 올린 사람
⑫ 총각머리를 한 사람과 아이들

이들뿐만 아니다. 치성 위에도 갓을 쓰고 도포를 입은 젊은 사대부 세 명과 아이가 성벽에 기댄 채 씨름과 택견 시합을 구경하고 있다.❶ 치성 바깥벽에도 한 아이가 고개를 빼꼼 내밀고 있다. 성으로 향하는 산길에는 더벅머리 총각이 등에 멘 봇짐을 양손으로 붙잡고 씨름을 보면서 걸어가고 있다.❷

시선을 그림의 하단으로 옮겨보자. 오른쪽에는 붉은색의 별감옷을 입은 사람을 중심으로 세 남성이 이야기를 나누며 공터로 들어서는 중이다.❸ 이곳이 바로 씨름과 택견 시합이 열리는 공

터의 초입이다. 더벅머리 총각과 붉은 저고리를 입은 아이는 이제 막 입구를 지나 안으로 들어선다. 이들 뒤에는 멍석을 깔고 앉은 남성이 술독 네 개와 사기 술잔 두 개, 그리고 안줏거리를 담은 찬합을 펼쳐놓고 술을 팔고 있다.❹ 갓과 도포 차림의 사대부 남성과 검은 모자를 쓴 하급 관리가 이미 마셨는지 얼굴이 붉다. 그 옆에는 역시 갓과 도포 차림의 남성이 술값을 치르려고 주머니를 뒤지면서 옆의 하인과 무언가를 의논하고 있다.

그림의 왼쪽 상단에는 화제畵題가 쓰여 있다.❺ 제목은 '크게 유쾌한 그림'이라는 뜻의 〈대쾌도大快圖〉이다. 그 옆에는 작은 글씨로 "병오년 온갖 꽃이 화창하게 핀 때, 격양세인이 강구연월에 그리다丙午 萬花方暢時節 擊壤世人 寫於康衢煙月"라는 글귀가 적혀 있다. 이 그림의 화가는 서울의 중인 집안 출신이면서 도화서 화원이었던 유숙劉淑(1827

~1873)으로 알려진다. 그의 일생 중 병오년은 1846년(헌종 12)이었으므로 유숙은 이 그림을 만 19세의 나이에 그렸다.

"온갖 꽃이 화창하게 핀 때"라고 했으니 음력 5월 5일 단오 무렵으로 여겨진다. 요사이는 보기 드물지만 1950년대까지만 해도 경기도 이북에서 단오는 설날에 견줄 만큼 큰 명절이었다. 1년 중 양기陽氣가 가장 왕성하다는 단옷날, 각 집이 돌아가며 품앗이로 모내기를 하고 나면 1년 농사가 시작된 셈이었다. 하지만 더위와 싸워가며 고된 김매기를 해야 하는 날이 다가오고 있으니, 한바탕 놀이가 필요한 때가 역시 단옷날 전후였다. 단옷날에는 장터 근처에 씨름판이 벌어졌다.

'격양세인擊壤世人'은 태평성대太平聖代(어진 군주가 다스리는 매우 평온한 시대)를 만나 땅을 발로 구르며 노니는 사람이라는 뜻이다. 이 말의 유래는 고대 중국의 요堯임금과 관련이 있다. 요임금이 백성들의 삶을 살피러 한 마을에 갔을 때 백발의 노인들이 발로 땅을 구르며擊壤 흥겹게 노래 부르는 모습을 보고 이것이 바로 태평성대임을 알았다는 것이다. '강구연월康衢煙月'은 달빛이 연기와 안개에 은은히 비치는 거리의 모습을 가리키는 말이다. 한마디로 평화로운 풍경을 상징한다.

유숙의 〈대쾌도〉와 아주 유사한 또 다른 그림 한 점이 국립중앙박물관에 소장되어 전하는데, 그림 상단에 가마와 가마꾼, 기생과 세 남성의 모습이 추가되었다. 이 그림에도 "을사년 온갖 꽃이 화창하게 핀 때, 격양노인이 강구연월에 그리다乙巳 萬花方暢時節 擊壤老人 寫於康衢煙月"라는 화제가 적혀 있다. '병오년'과 '을사년',

'격양세인'과 '격양노인'이 다를 뿐이다. 화제 밑에는 신윤복의 호인 '혜원蕙園'이란 글자도 적혀 있으나 신윤복의 화풍과는 거리가 먼 것으로 보아, 익명의 화가가 을사년인 1905년에 유숙의 〈대쾌도〉를 베껴 그리고 '혜원'을 적어놓았을 것으로 추측된다.

씨름과 택견 시합, 그리고 엿장수

다시 유숙의 〈대쾌도〉를 살펴보자. 중앙에서 두 사람이 씨름을 하고 있는데 이들의 씨름 방식은 오늘날 흔히 볼 수 있는 '왼씨름'이 아니다.❻ 왼씨름은 상대편의 다리샅바를 왼손으로 잡고 오른 어깨를 맞대며, 오른손으로는 상대편의 허리샅바를 잡고 하는 씨름이다. 그림에서는 '바씨름'을 하고 있다. 바씨름은 베로 만든 샅바를 자기의 오른팔에 몇 번 감고 상대편의 왼쪽 허벅지에 동여매 허리샅바는 잡지 않고 하는 씨름이다. 그림의 씨름꾼은 푸른색으로 물들인 무명천을 상대방의 왼쪽 허벅지에 휘감아 오른

❻

❼

손으로 쥐고 있다.

조금 아래에서 택견을 겨루는 두 사람은 일상복을 입고 허리에 주머니까지 찼다.❼ 그래도 두루마기는 뒤춤에 묶고, 버선발로 경기에 임한다. 두 사람은 똑같이 양팔을 넓게 벌리고 있다. 택견에서는 이런 동작을 '활갯짓'이라고 부르는데, '활개'는 새가 두 날개를 활짝 편 모양을 가리키는 말이다. 왼쪽에 선 사람은 발을 팔자八字로, 오른쪽에 선 사람은 오른발을 뒤에 왼발을 앞에 두고 섰다. 두 사람은 새처럼 팔을 양쪽으로 벌리고서 날아올라 발로 상대를 공격하려고 틈을 노리고 있는 듯하다.

택견 시합이 벌어지는 곳 근처에 양손으로 사각 목판을 든 사람이 보인다.❽ 상투에 망건을 둘렀지만 도포나 두루마기도 걸치지 않았다. 이 장사꾼의 목판에 가지런히 놓인 기다랗고 흰 음식의 정체는 엿으로 보인다. 한창 진행 중인 시합을 긴장하면서 보고 있는 구경꾼 중에는 요깃거리가 필요한 사람이 있을 것이다. 엿장수는 이 틈을 노리고 구경꾼들을 유혹하고 있다.

아마도 사람들이 시합장에 모여들기 전날부터 엿장수는 부지런히 찹쌀이나 멥쌀 혹은 수수를 물에 불려서 밥을 짓고 미리 준

비해둔 엿기름을 챙겼을 것이다. 엿기름은 엿을 만드는 데 빠질 수 없는 발효제인데, 밀로 만든 것이 제일 좋다. 수확하여 말린 밀을 물에 적신 다음 햇볕에 널어놓고 하루 한 번씩 물을 주면 뿌리가 난다. 이것을 돗자리에 펼쳐놓고 다시 물 주기를 반복하면 싹이 돋아난다. 이 싹을 말려서 가루를 낸 것이 엿기름이다.

엿기름과 곡물로 지은 밥이 마련되었으면 본격적으로 엿을 만들 순서다. 밥에 엿기름을 섞어 항아리에 담고 뜨끈한 방바닥에 이불 따위로 덮어두어 60~70도의 온도를 유지해준다. 7~8시간 삭히면 곡물의 전분이 녹아서 단맛이 나는 맑은 물로 변하기 시작하는데, 이 과정을 '당화糖化'라고 부른다. 당화된 엿물을 짜서 솥에 붓고 약한 불에서 졸인다. 이때 주걱으로 계속 저어주어야 덩어리로 뭉치지 않는다. 이것을 식히면 검은색의 엿이 완성된다. 두 사람이 엿의 양 끝을 잡고 수차례 늘이면 검은색의 엿이 흰색으로 바뀐다. 완성된 엿을 가위나 칼로 토막 내서 목판에 담으면 장사 준비는 끝난다.

들병장수가 준비한 술과 안주

길거리에 좌판을 펼쳐놓고 술을 파는 사람을 '들병이' 혹은 '들병장수'라고 불렀다. 곧 병을 들고 나온 사람이란 뜻이다. 조선시대 들병장수는 대개 여성이었으나 그림의 들병장수는 남성이다.

돗자리를 바닥에 깔고 앉은 그는 오늘 장사에 크고 작은 술병과 사기 술잔을 네 개씩 준비해 왔다.❾ 술장수는 이날 제법 팔았는지 한손으로 병목을 잡고 술을 따른다. 술의 색깔로 보아 막걸리로 여겨지는데, 마침 술병의 입구도 막걸리에 어울리게 넓다. 막걸리에 비해 알코올 도수가 높은 청주나 소주는 휘발성이 강하므로 술병의 입구가 좁다.

술병과 술잔이 놓인 나무판 위에는 붉은색과 푸른색으로 칠한 찬합이 보인다. 뚜껑이 열린 찬합 속의 노란 음식은 떡이거나 과자일 테고, 막걸리에 어울리는 안주라고 하면 떡일 가능성이 더 크다. 진정한 술꾼이라면 단맛의 과자가 안주로 적합하지 않다고 여길 것이다.

그렇다면 무슨 떡일까? 당시 가장 인기 있던 떡은 인절미였다. 특히 인절미는 쉽게 딱딱해지지 않으므로 그림 속 장면처럼 야외에서 오랫동안 두고 판매하기에도 알맞았다. 인절미는 찹쌀이나 멥쌀로 지은 밥을 떡판에 놓고 떡메로 여러 차례 친 후 쫀득쫀득해지면 모양을 내서 만든다. 특히 노란 콩을 볶아 가루를 내어 만든 콩고물을 묻혀두면 맛과 향이 구수할 뿐만 아니라 잘라둔 떡끼리 붙지도 않고 더욱 오랫동안 먹을 수 있다. 술 한 잔 값을 내면 이 인절미 하나가 공짜 안주로 제공되었을 것이다.

태평성대에 씨름과 택견 시합이 열린 이 장소는 어디일까? 성곽의 치성으로 보아 서울의 동대문 남쪽에 있는 광희문光熙門 바깥으로 여겨진다. 동대문인 흥인지문興仁之門이 공식적인 행차를 위해 지나다니는 사대문 중 하나였다면, 광희문은 백성들이 드나들던 출입문이었다. 지금이야 광희문의 위치도 10여 미터 옮겨졌고, 그림의 언덕과 산자락에는 건물이 빽빽이 들어서 결코 비슷하다고 볼 수 없다. 더욱이 치성을 벽돌로 묘사한 모습은 100여 년 전 촬영한 광희문 사진에서도 찾아볼 수 없다. 한편 조선 후기부터 20세기 중반까지 서울에서 씨름과 택견으로 이름을 날렸던 싸움꾼 대부분이 실제로 동대문과 광희문 안팎에 살았다는 보고도 있다. 특히 그림 속 '바씨름'은 서울의 왕십리, 뚝섬, 광나루 등지에서 유행했던 씨름 방식이었다.

유숙은 왜 하필 1846년에 서울의 남산과 광희문 바깥에서 벌어진 씨름과 택견 시합을 그리고 〈대쾌도〉라는 제목을 붙였을까? 1846년 이전 조선에는 무척 시끄러운 정치적 혼란과 자연재해가 연이어 일어났다. 헌종(1827~1849, 재위 1834~1849)이 임금 자리를 지키고 있었음에도 그의 할머니 순원왕후 김씨가 수렴청정을 하면서 안동 김씨의 세도가 하늘을 찔렀다. 1841년에는 전국에 전염병이 만연했고, 가뭄 피해를 구실로 나라에서는 모내기 농법을 금지하기도 했다. 1845년에는 청천강 유역에서 대홍수가 나서

민가 4,000여 호가 침수되고 500여 명이 죽는 일도 있었다.

이렇게 혼란한 시절 유숙은 새로운 세상이 오기를 바라는 마음으로 큰 화폭에 그림을 그리고는 〈대쾌도〉라는 이름을 붙인 것이 아닐까? 하지만 30년 후 조선은 일본에 의해 외세에 문을 개방하는 '강화도조약'을 강제로 체결했고, 멈출 겨를 없이 쇠락의 길을 향해 달렸다.

4부

이국과 근대와의 조우
: 19세기 후반~20세기 초반의 음식사

1876년 일본을 시작으로 1883년 독일과 영국, 1884년 러시아와 이탈리아, 그리고 1886년 프랑스와 잇달아 통상조약을 체결하며 조선은 본격적으로 외국에 문호를 개방했다. 서양의 외교관·선교사·여행가·상인 들이 중국이나 일본을 거쳐 개항장을 통해 조선에 들어왔고, 와인·코냑과 같은 술과 캔에 담긴 이국의 음식들이 유입되기 시작했다.

조선 정부의 관리들은 서양인들을 따뜻하게 맞이했다. 서양인들 역시 젓가락질이 서툴렀지만 조선 음식에 적응하려고 애썼다. 그중 대표적인 인물이 미국인 조지 클레이턴 포크George Clayton Foulk(1856~1893)로, 조선의 보빙사報聘使가 1883년 워싱턴 D.C.에 도착했을 때 통역을 담당했었다. 이 일을 계기로 포크는 1884년 5월 31일 제물포를 통해서 조선에 도착했고, 두 차례에 걸쳐 조선의 북부와 남부 일대를 여행하며 매일 일기를 작성했다. 특히 전라관찰사로부터 대접받았던 식사의 내용을 일기에 그림으로 그려놓았는데, 임금이 베푼 연회 상차림보다는 한 길 낮았지만 그 구성이 꽤 비슷했다. 특히 그는 경단과 메밀국수를 먹은 소감을 일기에 생생하게 써놓았다.

조선인 중에서도 해외여행을 가는 사람이 생겨났다. 유길준俞吉濬(1856~1914)을 포함하여 1883년 미국을 방문했던 보빙사 일행은 조선인 최초로 세계 일주를 한 사람들이었다. 민영환閔泳煥(1861~1905)은 상트페테르부르크에서 열린 러시아 마지막 황제 니콜라이 2세(1868~1918)의 대관식에 조선 정부 대표로 참석한 뒤 북미 대륙과 서유럽, 시베리아를 모두 순회하고 귀국했다.

서양인과 식사할 기회가 늘어나자 조선 정부에서는 서양의 식사 예법을 널리 알리기 위해 애썼다. 지금의 교육부에 해당하는 대한제국 학부學部에서는 1896년 영국인 중국학자 존 프라이어John Fryer가 서양 예법을 중국어로 정리한 《서례수지西禮須知》를 출판했다. 1902년엔 같은 책을 다시 한글로 번역하여 《셔례슈

지》라는 이름으로 펴냈는데 나이프·포크·스푼의 사용법을 비롯해 서양인과의 교제 예법이 수록되어 있었다.

1897년 10월 12일, 조선 왕실은 통치체제를 황제 중심의 전제군주제로 하는 대한제국大韓帝國 수립을 선포했다. 1898년엔 대한제국의 위상에 맞추어 국가 전례를 담은 예서禮書《대한예전大韓禮典》을 간행했는데, 황실에서 개최되는 서양식 연회의 참석자 좌석 배치 규칙 등이 포함되었다. 4부에서 다루고 있는 〈한일통상조약체결기념연회도韓日通商條約締結記念宴會圖〉의 좌석 배치 역시 서양식 규칙을 따랐음을 알 수 있다.

19세기 말, 조선에는 전에 보기 어려웠던 서양인이 날로 늘어났다. 세계 각지를 여행하는 서양인들은 사진기를 들고 다니기도 했지만 그러지 못한 서양인들은 조선의 풍속을 그림으로라도 남겨 고국으로 돌아가고 싶어 했다. 이때 서양인들에게 인기가 많았던 화가가 바로 기산 김준근金俊根(?~?)이었다. 김준근의 그림은 분명 조선의 풍속을 담고 있으면서 서양인들의 시각이 투영되어 있었고 형식적으로도 서양의 일러스트 작법으로 그려졌다. 조선인들 역시 서양이라는 타자를 만나면서 스스로 '조선적인 것'을 의식하고 전형화하기 시작했다. 4부에서 소개하는 〈국수 누르는 모양〉, 〈신부연석新婦宴席〉이 바로 김준근의 그림이다.

개항과 함께 조선은 세계 식품 체제 속에 편입되기 시작했다. 조선인의 식탁 위에는 결코 '조선적'이지 않은 식재료로 만든 음식들이 자리 잡아갔다. 조선 왕실과 경화세족, 그리고 지방의 관아에서나 맛볼 수 있었던 잔치 음식이 '조선요릿집'이라는 곳에서 상업적으로 판매되기도 했다. 그리고 결국 대한제국은 1910년 8월 29일 일본에 국권을 빼앗겼다. 이 책의 마지막 그림인 〈탑원도소회지도塔園屠蘇會之圖〉에는 나라 잃은 이들의 애잔한 마음이 담겨 있다.

〈**한일통상조약체결기념연회도**韓日通商條約締結記念宴會圖〉
안중식, 1883년, 35.5×53.9cm, 숭실대학교 한국기독교박물관 소장.

19

식탁 위의 서양 음식이 말하는 것

그림을 얼핏 보면 조선시대 연회의 장면인 듯하다. 하지만 12명이나 되는 사람이 마치 설계도처럼 반듯하게 묘사된 높은 입식 식탁 앞에 앉았다. 식탁 위에는 조선 음식 대신 서양식 음식과 식기가 보인다. 식탁의 가운데에는 양 끝에 기다란 촛대 두 개와 만발한 꽃이 풍성하게 꽂힌 화병 두 개, 그리고 색색의 고임 음식 다섯 가지가 놓였다.

참석자들을 보자. 조선시대 관복을 입은 사람이 다섯 명이다. 사대부의 외출복 차림을 한 두 사람과 치마저고리 차림의 여성이 한 명 보인다. 뒷모습만 보이지만 일본 옷을 입은 두 사람이 양 끝에 앉았다. 맞은편 양 끝에는 중국식 개량 옷을 입고 모자를 쓴 남성과 치마저고리에 장식품을 목에 건 여성도 보인다.

이제 식탁 위로 시선을 옮겨보자. 길쭉한 나이프와 포크, 스푼이 놓여 있다. 이 외에도 흰색 도자기 주전자, 흰색 막대가 여러 개 들어 있는 그릇, 뚜껑이 덮인 육각형 그릇, 굽이 달린 흰색과 짙은 색의 잔 여러 점, 그리고 낮은 굽의 쟁반이 놓였다. 그림을 자세히 뜯어볼수록 여느 조선시대 회화에서 보기 힘든 이국적이고 낯선 조합이 묘한 감상을 불러일으킨다. 도대체 무슨 일을 기념하기 위한 연회였을까?

무슨 사건으로 이 연회가 열렸을까?

1876년 음력 2월 3일 진시辰時(오전 7~9시), 강화도의 강화부江華府 사무실에서 조선 정부 대표 신헌申櫶(1810~1884)과 일본 정부 대표 구로다 기요타카黑田清隆(1840~1900)가 수호조규에 서로 서명날인을 했다. 역사책에서는 이 사건을 조일수호조규朝日修好條規, 곧 '강화도조약'이라고 부른다.

일본은 이 조약을 통해 다른 어떤 외국보다도 앞서서 조선을 개항시켰고, 조선 관료가 국제협약의 경험이 없다는 점을 노려 슬그머니 무관세 조약을 맺었다. 조선은 그 후 잇달아 서양의 여러 나라와 외교 관계를 맺고 나서야 관세자주권이 침해되었다는 사실을 알게 되었다. 조선 정부는 뒤늦게 무관세 조약을 관세 조약으로 바꾸기 위해 여러 차례 교섭을 벌였으나 일본 정부는 협상에 응하지 않았다.

조선 정부는 일본 정부와의 교섭을 뒤로 미루고, 1882년 음력

4월 6일 미국 정부와의 조미수호통상조약朝美修好通商條約 체결을 시작으로, 영국·독일 정부와 관세 및 수출세 등을 규정한 통상조약에 조인했다. 그러자 일본 정부는 더 이상 무관세 무역을 고집할 수 없었다. 결국 1882년 음력 5월, 일본 정부는 마지못해 하나부사 요시모토花房義質(1842~1917)를 공사公使(대사에 버금가는 외교사절)로 임명하여 조선에 보내 협상을 벌이고자 했다.

하지만 같은 해 음력 6월 9일 임오군란壬午軍亂이 일어났다. 신식 무기를 갖춘 군대 별기군別技軍이 양성되면서 기존 군인들에게 무려 13개월 동안 봉급이 지급되지 않자 반란이 일어난 것이다. 구식 군인들은 신식 군대를 후원하는 일본 정부에 대한 항의로 지금의 서울시 서대문구 근처 청수관淸水館에 입주해 있던 일본공사관을 습격하여 불을 지르고 일본인 13명을 살해했다. 하나부사 요시모토는 겨우 탈출하여 인천을 통해 일본으로 돌아갔다.

자국에 대한 민심이 악화되자 당황한 일본 정부는 1882년 음력 12월 초에 다케조에 신이치로竹添進一郎(1842~1917)를 판리공사辨理公使로 임명하여 서울로 보냈고, 그는 서울 주재 미국 공사에게 협조를 구했다. 미국 공사는 당시 조선 정부의 재정 고문이었던 독일인 묄렌도르프Paul Georg von Mollendorff(1848~1901)를 소개해 주었다. 다케조에 신이치로는 묄렌도르프의 도움으로 1883년 음력 6월 22일, 지금의 서울 중구 재동에 있던 통리교섭통상사무아문統理交涉通商事務衙門(외교 사무를 맡아보던 관아) 사무실에서 조선 정부 대표 민영목閔泳穆(1826~1884)과 조일통상장정朝日通商章程에 서명했다.

그림은 바로 조일통상장정 체결을 기념하여 열린 연회의 기록화다. 참석자는 양국 대표와 통리교섭통상사무아문 관원들, 일본 정부의 수행원, 그리고 묄렌도르프 부부다. 그림을 그린 화가는 심전心田 안중식安中植(1861~1919)으로, 그는 1881년 조선 정부가 중국의 톈진天津 기기국機器局에 보낸 연수생 중 한 명이었다. 도화서 화원이었던 그는 그곳에서 기계, 건축물, 공작물 따위의 도면이나 도안을 그리는 서양식 제도 기술을 배워 왔고, 그 경험이 〈한일통상조약체결기념연회도〉의 화법에 영향을 미쳤을 테다.

참석자와 좌석 배치

이 연회의 주관자는 가장 왼쪽에 앉은 민영목❶과 맞은편의 홍영식이다.❷ 주빈主賓은 민영목의 오른쪽에 앉은 다케조에 신이치로다. 민영목의 왼쪽에 앉은 사람은 이 연회를 성사시킨 묄렌도르프다. 지금까지 다뤘던 조선의 연회 기록화 여러 점을 떠올려

보면, 서열이 가장 높은 사람이 등을 북쪽으로 향하는 북벽에 앉고 그다음 사람들이 동벽과 서벽을 번갈아가며 앉았다. 하지만 〈한일통상조약체결기념연회도〉의 좌석 배치는 사뭇 다르다. 식탁 위에 오른 음식도 조선의 것이 아니듯이, 좌석 배치 또한 다른 규칙이 적용되었다.

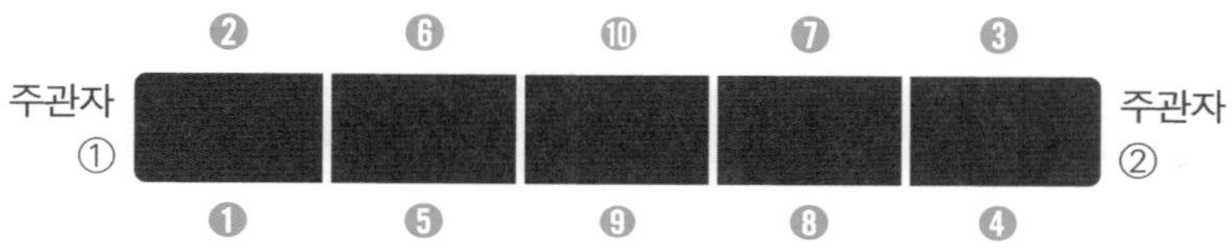

주관자 ① 민영목閔泳穆(1826년생, 58세) 독판교섭통상사무督辦交涉通商事務
주관자 ② 홍영식洪英植(1855년생, 29세) 협판교섭통상사무協辦交涉通商事務

❶ 손님 다케조에 신이치로竹添進一郎(1842년생, 42세) 전권대신全權大臣 판리공사辦理公使
❷ 손님 파울 게오르크 폰 묄렌도르프Paul Georg von Mollendorff(1848년생, 36세) 협판교섭통상사무協辦交涉通商事務
❸ 손님 로잘리 폰 묄렌도르프Rosalie von Moellendorff
❹ 손님 소에다 세츠副田節 판리공사辦理公使 부관副官
❺ 참관인 조영하趙寧夏(1845년생, 39세) 독판군국사무督辦軍國事務
❻ 관원 이조연李祖淵(1843년생, 41세) 참의교섭통상사무參議交涉通商事務
❼ 관원 김옥균金玉均(1851년생, 33세) 참의교섭통상사무參議交涉通商事務
❽ 참관인 기생
❾ 참관인 사대부
❿ 관원 변원규卞元圭(1837년생 추정, 30대 후반) 참의교섭통상사무參議交涉通商事務

대한제국 시기 황실도서관의 후신인 한국학중앙연구원 장서각에는 대한제국의 장례원掌禮院에서 1898년에 펴낸 《대한예전大韓禮典》이 유일본으로 소장되어 있다. 그중 제5권 〈빈례서례賓禮序例〉에는 외국 사신의 서열과 연회 시 좌석 배치도인 '연향도宴饗圖'가 실렸는데, 그 규칙이 〈한일통상조약체결기념연회도〉의 내용과 일치한다. 비록 《대한예전》은 조일통상장정 기념 연회가 열린 때로부터 15년 후에 출판되었지만, 통리교섭통상사무아문의 관원들은 당시에도 서양식의 좌석 배치 규칙을 잘 알고 있었으므로 그에 근거하여 자리를 정했던 것이다.

메인디시는 커틀릿, 술은 서양 술

당시 조선 관원들은 한 면에 한 사람씩 둘러앉을 수 있는 입식 식탁을 '사선상四仙床'이라고 불렀는데, 이 사선상 다섯 개를 붙여서 그림처럼 넓은 식탁을 만들었을 것이다. 여기에 '식상보食床袱'라고 불렸던 흰색의 테이블보 두 장을 깔았으며 '식상교의食床交椅'라고 불리는 의자를 배치했다. 모든 참석자에게 서양 식기인 나이프와 포크를 하나씩, 그리고 각기 용도가 다른 스푼 두 개를 제공했다. 소금과 후추가 담겨 있을 양념 통 캐스터caster와 각설탕이 들었을 분청사기 통도 보인다.❸

그렇다면 이 연회의 메인디시main dish는 무엇이었을까? 그림의

외견상 커틀릿cutlet과 닮았다. 커틀릿은 송아지 고기나 닭고기, 양고기를 소금에 약간 절인 후 빵가루를 묻혀 굽거나 기름에 튀겨낸 프랑스 요리다. 오늘날의 일본 돈가스가 바로 이 커틀릿을 변형한 음식이다.

1883년 12월에 조선을 방문한 미국의 천문학자 퍼시벌 로웰Percival Lawrence Lowell(1855~1916)은 당시 통리아문統理衙門에 일본인 주방장이 있었다고 기행문에 기록했다. 그 일본인 요리사는 본래 서양의 무역선에서 주방장을 보조하면서 서양 요리법을 배웠고, 서양 음식과 일본 음식 전문점을 차릴 계획으로 조선에 왔다가 잠시 통리아문을 거치게 된 것이다. 비록 퍼시벌 로웰이 조선에 온 시기는 조일통상장정 체결 이후였으나 그림 속 커틀릿을 마련한 요리사가 이 일본인이 아니었을까 추정해본다.

참석자 앞에는 모양이 다른 잔이 다섯 개씩 놓였다. 잔의 모양으로 보아 술잔과 음료수 잔으로 보인다. 흰색의 자기 주전자에는 음료가 담겼을 것으로 여겨지며 코르크와 비슷한 병마개가 꽂혀 있는 술잔에는 포도주보다는 위스키와 진, 그리고 소주와 같

은 알코올 도수가 높은 증류주가 담겼을 것이다.

1882년 12월 20일자 《한성순보漢城旬報》에서는 당시 조선에 수입된 여러 가지 양주를 소개했다. 브랜디는 박란덕撲蘭德, 위스키는 유사길惟斯吉, 샴페인은 상백륜上伯允, 혼성주인 체리 코디얼cordial은 앵주櫻酒, 진gin은 두송자주杜松子酒, 증류주에 과실·과즙·약초 등을 넣고 설탕·꿀·시럽으로 감미한 혼성주인 리큐어liqueur는 리구이哩九尓, 럼rum은 당주糖酒라고 한자로 적었다. 아마도 이 중 한 가지가 제공됐을 테다. 특히 코르크 마개로 보이는 병뚜껑이 꽂혀 있어 위스키를 마시지 않았을까 추정해본다.

식탁의 가운데에는 한 쌍의 화병과 촛대, 그리고 다섯 접시의 고임 음식이 놓였다.❹ 화병 두 개에 꽂힌 꽃은 국화와 장미로 보인다. 앞서 여러 그림에서 소개했듯 조선 왕실 연회에는 꽃 장식이 빠지지 않았다. 다만 항상 종이꽃이 등장했던 것과는 달리 서양식 연회에서는 생화를 꽂아두었다.

고임 음식은 왕실 연회에 올랐던 모습과 다르지 않다. 붉은색의 고임 음식은 대추를 꿀에 조려서 만든 대추정과를 쌓은 것으로 보인다. 초록색의 고임 음식은 소나무의 송순松筍 가루를 입힌 강정을, 가운데 놓인 노란색의 고임 음식은 황률黃栗(말려서 껍질과 보늬를 벗긴 밤)을 쌓아 올린 것으로 추정된다.

이 연회가 열린 장소는 민영익閔泳翊(1860~1914)의 옛집이었을 테다. 그는 당시 왕실의 외척으로 큰 권력을 쥐고 있던 명성황후明成皇后(1851~1895)의 친정 조카로, 1882년 12월 협판교섭통상사무에 임명되자 자신의 옛집에 통리교섭통상사무아문의 사무실을 두도록 했다. 겉모습은 일반적인 조선의 기와집이었지만, 내부는 서양식으로 수리하여 집기를 갖추었고 외국 손님들의 숙소로도 사용되었다.

이 집의 주인이었던 민영익은 연회가 열리기 며칠 전인 양력 7월 15일 제물포항에서 출발해 요코하마橫濱를 경유하여 미국 샌프란시스코로 향하는 기선에 올랐다. 조선 정부는 이때만 해도 서양의 여러 나라로부터 새로운 문물을 수입하려고 노력했다. 그림에서 보았듯 연회의 식탁에 차려진 서양 음식과 식기, 그리고 좌석 배치 규칙이 모두 그러한 노력의 결과였다. 하지만 애석하게도 이후 조선은 스스로의 힘으로 근대화의 길을 걷지 못했다.

〈국수 누르는 모양〉

김준근, 19세기 후반, 25×20.5cm, 독일 베를린민족학박물관 소장.

20

국수틀에 사람이 올라간 사연

오른쪽 상단에 적힌 〈국수 누르는 모양〉이라는 제목이 이 그림의 주제를 명확하게 보여준다. 부뚜막 위에는 기다란 나무판자 두 개를 연결해 만든 국수틀이 놓여 있다. 상투머리를 한 남성이 그 위에 올라타 국수틀을 힘껏 누르고 있다. 그 아래 솥에는 국수틀에서 막 뽑아낸 국수가 비 오듯 떨어진다. 또 다른 남성은 오른손으로는 국수틀의 공이를 잡고 왼손으로는 솥 안의 국수를 휘휘 젓고 있다.

부뚜막 안쪽 방에서는 양옆으로 가르마를 타서 트레머리를 한 여성이 담뱃대를 입에 물고 이 광경을 쳐다보고 있다. 아궁이에는 싸리나무가 타고 있는 것으로 보아 솥이 끓고 있음을 알 수 있다. 왼쪽 구석의 개다리소반 위에는 술병과 대접·보시기·접시가 쌓여 있고 그 아래에는 자배기가 놓였다. 두 남자는 머리를 위로 모아서 묶고만 있는 것으로 보아 하인인 듯하고, 대나무로 만든

긴 담뱃대를 물고 있는 여성은 그 차림새가 주막의 주모로 여겨진다. 이 집은 아마도 주막이거나 국수를 전문으로 판매하는 음식점일 테다.

기산 김준근과 그의 그림들

한글로 적은 그림 제목 아래에는 한자로 '기산箕山'이란 낙관이 찍혀 있다. 기산은 19세기 말 인천 제물포, 부산 초량, 원산(당시 함경도, 오늘날의 북한 강원도) 등지에서 활동한 화가 김준근이다. 한양대학교 조흥윤 명예교수의 노력으로 기산이 한국 최초의 유럽 문학 작품 번역서인 《텬로력뎡天路歷程》의 삽화를 그렸던 화가 김준근과 동일인이라는 사실이 밝혀졌다. 하지만 김준근의 구체적인 인생 역정은 여전히 베일에 가려져 있다.

〈국수 누르는 모양〉과 화법이나 제목을 표기한 방식이 비슷한 그림은 국내의 숭실대학교 한국기독교박물관과 국립민속박물관을 비롯하여 독일, 덴마크, 네덜란드, 프랑스, 영국, 오스트리아, 러시아, 미국, 캐나다 등 세계 각지의 박물관에 소장되어 있다. 이 작품들을 모두 셈하면 1,400점을 훨씬 웃돈다.

그의 화법은 김홍도와 신윤복의 풍속화와는 사뭇 다르다. 그림의 선이 유려하고 인물과 사물의 묘사가 분명하여 자못 숙련된 화가임이 틀림없어 보이지만, 18~19세기 중반의 풍속화 화법과는 거리가 멀어 보인다. 김준근은 당시 조선을 찾은 서양인들이 요구한 '가장 조선적인 모습'을 그려주었던 화가였던 것 같다. 이 때문에 김준근의 명성은 국내에서보다 오히려 서양인들 사이에 자자했던 모양이다. 1882년 조미수호통상조약을 체결했던 슈펠트Robert W. Shufeldt(1822~1895) 제독이 1886년에 고종의 초청으로 조선을 방문한 일이 있었는데, 함께 온 그의 딸이 김준근의 그림을 받기 위해 부산의 초량까지 찾아갈 정도였다.

미술사학자 신선영은 김준근의 그림이 주로 개항장에서 외국인의 수요에 맞추어 제작한 수출화의 성격을 지닌다고 보았다. 조선 사람들의 삶을 보여주는 그림을 그려 모본模本을 삼고, 여러 화가를 두어 많은 양의 그림을 제작했을 것으로 추정한다. 그런데 지금까지 알려진 국내외 박물관 소장의 김준근 그림 중에는 같은 제목에 유사한 장면들은 많지만 완전히 같은 그림은 없다. 아마도 김준근이 얼굴이나 몸, 옷차림 따위를 모본으로 그리고, 그의 동료들이 이를 조합해 그렸을 가능성이 더 많아 보인다.

지금 보는 그림은 1958년 동독에서 출간된 《기산 한국의 옛 그림: 풍경과 민속KI-SAN Alte Koreanische Bilder: Landschaften und Volksleben》이란 책에 실린 것이다. 재정고문 묄렌도르프가 1882년부터 1885년까지 조선에 체류하고 있을 때 수집한 그림을 그의 딸이 독일 베를린민족학박물관MARKK에 기증했고, 한국학을 연구한 독일의 하인리히 융커Heinrich F. J. Junker(1889~1970)가 주도해 책으로 펴냈다. 이때 수록된 그림들은 김준근의 그림 원본을 판

화로 만들어 다시 종이에 찍은 것이다.

줄을 잡고
국수틀에 눕다

그림에 묘사된 국수틀은 한자로 '면자기麵榨機'라고 적었다. 서유구는 《임원경제지林園經濟志》의 〈섬용지贍用志〉에서 '면자'라는 이름으로 두 종류의 국수틀을 소개했다. 하나는 널리 쓰이는 일반적인 국수틀이고, 다른 하나는 손님이 갑자기 왔을 때 바로 국수를 만들 수 있는 속성 국수틀이다. 서유구가 묘사하는 일반적인 국수틀의 모양은 그림 속 국수틀과 닮았다.

> 아름드리 크기의 나무를 깎고 다듬어 배는 불룩하고 양 끝은 점점 줄어들게 한다. 배 한가운데에 둥근 구멍을 하나 뚫는데, 직경은 0.4~0.5척 정도 되게 한다. 구멍의 둘레와 지름에 맞춰 쇠로 둥근 판을 만들고 여기에 가는 구멍을 여기저기 뚫는

식민지 시기에 쓰였을 것으로 추정되는 국수틀. 국립민속박물관 소장.

> 다. 판 둘레에는 테두리를 두르고 판을 나무에 뚫은 구멍의 바닥에 끼워 넣은 다음, 테두리를 따라 작은 쇠못을 박아서 둥근 판을 고정한다.

국수틀의 분통粉桶에 대한 설명이다. 그림에서 부뚜막 앞에 선 남성이 오른손으로 국수틀의 공이를 붙잡고 있는데, 그 아래의 원통이 분통이다.❶ 분통 위에는 공이가 드나들 수 있는 구멍이 있고, 아래에는 작은 구멍을 여러 개 낸 쇠붙이가 붙어 있다. 분통에 반죽 덩어리를 넣고 공이로 힘껏 누르면 반죽이 쇠붙이의 구멍을 통해 길게 뽑혀 아래로 떨어진다.

이어서 서유구의 설명을 살펴보자.

> 이렇게 만든 국수틀을 솥 위쪽에 놓되, 좌우 변에 놓아둔 시렁에 걸쳐 국수틀 구멍이 솥 한가운데에 오도록 하여 솥 아가리

> 와 0.2~0.3척 떨어트린다. 솥 안에다 물을 끓이면서 밀가루를 반죽하여 덩어리를 만들고 이 덩어리로 둥근 덩이를 빚어 국수틀 구멍에 넣는다.

그림에서도 국수틀의 분통은 솥의 아가리에 잘 맞추어져 있다. 위아래의 기다란 나무, 즉 눌림대와 받침대의 끝부분을 연결해 마치 집게처럼 움직일 수 있도록 만들었다. 그 반대편 벽에 그림처럼 사다리를 대고 사람이 눌림대 위에 올라가서 힘을 가하면 공이가 분통 구멍으로 쏙 들어간다.❷ 그런데 서유구는 '밀가루 반죽' 덩어리를 국수틀에 넣는다고 적었다.

밀가루 반죽으로 국수를 만들기 위해 이렇게나 힘을 들일 이유가 없다. 식물성 단백질의 혼합물인 글루텐gluten이 들어 있는 밀가루는 물을 붓고 반죽하면 찰기가 생기기 때문에 손으로도 쉽게 늘여 칼로 썰면 국수가 된다. 국수틀에 밀가루 반죽 덩어리를 넣고 성인이 올라가면서까지 국수를 뽑을 필요가 없는 것이다. 메밀가루나 녹두전분, 감자전분 반죽으로 국수를 만들 때 비로

소 국수틀이 필요했다. 메밀이나 녹두, 감자에는 밀에 많은 글루텐 성분이 아예 없어 이를 재료로 한 반죽 덩어리는 점성이 떨어진다. 그림 속 국수도 이런 종류인지, 왼쪽 남성이 안간힘을 다해 눌림대를 누르고 있다.

국수틀에서 뽑은 국수의 정체는?

예전이나 지금이나 강원도 일대에서는 메밀가루를 반죽하여 그림과 같이 국수틀로 막국수를 뽑아 먹고, 평안도와 황해도에서도 메밀가루 반죽으로 만든 음식을 냉면이라고 불렀다. 18세기 이후 메밀국수는 강원도와 평안도, 황해도는 물론이고 왕실에서도 즐겨 먹는 음식으로 자리매김했다.

한편 함경도에서는 감자전분을 반죽하여 '농마국수'를 해 먹었다. 사람들은 녹말綠末을 '농마' 혹은 '농말'이라고 불렀다. 감자전분을 만드는 과정은 쉽지 않았다. 먼저 수확한 감자를 깨끗하게 씻는다. 이것을 항아리에 차곡차곡 쟁여 넣고 물을 약간 붓는다. 항아리를 단단하게 봉해서 약 석 달간 두면 감자가 항아리 안에서 썩기 시작한다. 감자는 얇은 껍질만 남고 알맹이는 썩어서 물처럼 변한다. 이 푹 썩은 감자와 물을 고운 체에 밭쳐 여러 차례 걸러낸다. 이것을 함지박에 붓는다. 농마가 바닥에 가라앉으면 웃물은 떠내고 물을 새로 붓는다. 이틀 동안 여러 차례 되풀이하면 불쾌한 냄새가 없어지고 농마도 하얀색으로 변한다. 가라앉은 농마 위에 보자기를 덮어두고 햇볕에 말린 뒤 가루를 내면 함경도 농마국수의 주재료인 감자전분이 완성된다.

농마를 따뜻한 물로 반죽하면 메밀가루 반죽보다 더욱 단단해진다. 이 반죽 덩어리를 그림과 같이 큰 국수틀의 분통에 넣고 성인 한 사람이 온몸의 몸무게를 실어 누르면 국수가 물이 펄펄 끓는 솥 안으로 쏟아진다. 2008년에 북한에서 출간된《우리 민족료리》에서는 "감자농마가루는 익반죽하여 국수를 누른다. 국수오리(국숫발)가 붙지 않게 젓가락으로 저어주면서 90초 정도 익힌다. 국수오리가 떠오르면 재빨리 건져 찬물을 갈아대면서 서너 번 씻은 다음 사리를 지어 발에 놓아 물기를 찌운다"라고 설명하고 있다. 김준근은 앞서 말했듯 인천 제물포, 부산 초량, 함경도 원산 등지에서 활동한 것으로 알려진다. 이런 배경들에 따르면 김준근이 원산 혹은 원산 북쪽의 함흥에서 본 풍경을 〈국수 누르는 모양〉에 담은 것이 아닐까 싶다.

감자전분으로 국수를 만드는 데 쓰는 국수틀은 그림과 같이 성인 한 사람이 위에 올라갈 수 있는 크기와 구조를 갖추고 있어야 한다. 그런데 한여름에 농마국수를 뽑으려면 국수틀 위에 올라간 사람이나 국숫발이 붙지 않게 젓가락질하는 사람 모두 온몸이 땀투성이가 되었다. 좁은 부엌에서 땀투성이로 국수 뽑는 이들을 위해 철공업자 김규홍金圭弘은 1932년에 무쇠로 만든 국수틀인 '제면기계製麵器械'를 발명했다. 김규홍이 살던 곳은 함경남도 함흥시 남쪽의 서호西湖였고 농마국수의 남한 이름은 함흥냉면이므로 이 그림의 제목을 '농마국수 누르는 모양'이라고 바꾸어도 좋을 듯하다.

〈**신부연석**新婦宴席〉
김준근, 19세기 후반, 31×38.7cm, 개인 소장.

21

시집온 새색시 '큰상'을 받다

대청마루에 앉아 있는 여인 셋이 사각 소반의 음식상을 받았다. 주위에 둘러친 병풍 너머에서는 댕기 머리를 한 소녀들과 갓난아이를 업고 머릿수건을 한 부인, 그리고 비녀도 없이 머리를 묶어 올린 부인들이 광경을 바라보고 있다. 시종으로 보이는 두 여성은 아직 음식을 받지 못한 여인에게 상을 내려 간다. 김준근의 작품으로 알려진 이 그림은 보통 한글로 제목을 적은 그의 다른 그림들과 달리 한자로 〈신부연석新婦宴席〉이라고 쓰여 있다. 제목으로 미루어 보아 신랑집 여성들이 초례醮禮, 즉 혼례식을 치르고 온 신부를 맞이하는 장면이다.

자리에 앉아 있는 이들 중 가장 왼쪽 사람을 제외한 세 명은 배자褙子를 걸쳤다. 배자는 부인들이 추울 때 저고리 위에 덧입는 옷으로, 주머니와 소매가 없다. 배자의 겉감은 비단을 쓰고 안에는 토끼, 너구리 따위의 털을 넣는다. 아마도 배자를 입은 여성

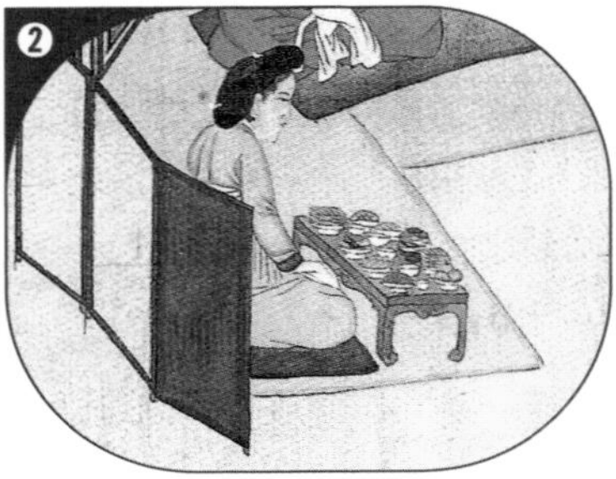

셋은 행사를 위해 집을 찾아온 사람으로 여겨진다.

배자를 입고 오른쪽에 앉아 큰상을 받은 여성은 이 잔치의 주인공인 신부이고❶ 맞은편에 앉은 여성은 신부의 시어머니다.❷ 본인의 집에서 손님들을 맞이했기에 굳이 배자를 걸칠 필요가 없었을 테다. 가운데에 앉은 두 사람은 외모로 보아 신부와 비슷한 나이인 듯한데 아마도 신랑의 형수들, 곧 신부의 손위 동서들이 아닐까?

폐백을 받다

20세기 중반까지만 해도 한국의 혼례식은 신붓집에서 행해졌다. 18세기까지는 신혼부부가 아이를 낳고 돌이 될 때까지도 신부의 집에서 머물렀으며, 19세기 이후 신혼부부는 신붓집에서 혼례를 치르고 며칠간 머물다가 신랑의 집으로 갔다. 갓 혼인한 신부가 시가에 가는 것을 '신행新行'이라고 불렀다. 신부는 신행할 때 신랑의 부모와 친척에게 줄 선물을 반드시 마련해 갔다. 조선시대의 법전《경국대전經國大典》에는 사대부 출신 신부가 신행할 때 술 한 동이와 술안주 다섯 그릇, 그리고 종비從婢 세 명, 노奴 열 명까지 데려갈 수 있다고 나와 있다.

신부는 시가에 오자마자 남편의 친척들에게 인사를 올렸다. 바로 첫 대면인 것이다. 조선시대 예법을 정리한 문헌에서는 이 인사를 '현구고례見舅姑禮'라고 적었다. 현구고례에서 '구舅'는 외숙부, '고姑'는 고모를 뜻한다. 고대 중국의 한족은 아버지의 여성 형제인 고모와 어머니의 남성 형제인 외숙부를 매우 중요하게 여겼다. 만약 아버지가 세상을 떠나면 고모가, 어머니가 세상을 떠나면 외숙부가 그 역할을 대신했기 때문이다. 12세기 송나라 이후 남성의 혈연에 기반을 둔 가부장제가 강력하게 자리 잡자, '구고舅姑'는 신랑의 아버지와 어머니를 뜻하는 말로 바뀌었다.

한반도의 사정은 중국 한족과 달랐다. 고려시대와 조선 중기, 심지어 20세기 중반까지도 외숙부와 고모의 역할이 매우 중요했다. 특히 어머니의 남성 형제인 외숙부는 가족의 대소사를 결정할 때 큰 영향력을 행사하는 일이 많았다. 조선시대 왕실에서 끊임없이 일어났던 외척의 권력 장악은 바로 왕이나 왕세자가 외숙부에게 의탁한 결과였다. 그러나 19세기 무렵부터 조선의 사대부가에서도 부계 중심의 가부장제가 확고하게 자리 잡아갔다. 중국 한족의 제도를 일상생활에까지 받아들이게 된 것이다. 가부장제에서 외숙부의 힘은 약해졌고, 고모와 신랑 형제의 부인인 동서의 입김이 더 강해졌다.

한편 현구고례라는 말은 조선시대 문헌에만 간혹 나올 뿐 실제 생활에서는 '폐백幣帛'이라는 말이 더 자주 쓰였다. 폐백이란 말 역시 본래 중국의 한족 사회에서 생긴 것이다. 중국에서는 신부가 신랑집으로 가 혼례를 치렀고, 신랑 가족은 딸을 보내주어 고맙다는 뜻으로 신붓집에 폐백이라는 이름의 선물을 보냈다. 하지만 조선시대에는 반대로 신랑이 신붓집에서 혼례를 치르고 며칠을 머무르다 신부와 함께 본인의 집으로 돌아갔다. 이때 신붓집에서는 딸에게 신랑 부모와 친척을 위한 폐백을 들려 보냈다. 이처럼 폐백은 중국과 조선에서 서로 다른 의미로 쓰였다. 그림 〈신부연석〉은 곧 신랑집이 신붓집으로부터 받은 음식을 차려놓고 신부의 인사를 받는 모습이다. 당시 사람들은 이런 모습을 시어머니가 신부로부터 "폐백 받는다"라고 말했다.

큰상에 차려진 음식들

그림 속 신부가 받은 큰상에는 형형색색의 음식들이 흰색 도자기마다 가지런히 담겼다.❸ 다른 어떤 그림보다도 음식이 자세히 묘사되어 있으니 하나하나 살펴보자. 맨 바깥 줄에는 여섯 가지의 음식이 백자 고배高杯에 담겼다. 신부 쪽에서 볼 때 가장 왼쪽부터 차례대로 배, 떡, 두텁떡, 약과, 송편, 인절미로 보이는 음식이 차려졌다. 이 중에서 세 번째 차려진 두텁떡은 조선 후기 소

론 계열의 집안에서 즐겨 먹던 음식으로, 잔치가 열릴 때 빠지지 않는 고급 음식이었다.

두텁떡에는 봉우리떡·두텁단자·두텁편 세 가지가 있었는데 그중 봉우리떡이 큰상에 가장 자주 올랐다. 봉우리떡이란 이름으로 예상할 수 있듯이 모양이 마치 산봉우리처럼 볼록하게 생겼다 해서 붙여진 것이다. 두텁떡을 만들기 위해선 찹쌀 한 되와 소금 한 숟가락이 필요하다. 팥고물에는 회색팥(혹은 얼룩팥) 한 되 반, 계핏가루 약간, 조청과 한식 간장 약간이 들어간다. 떡의 소는 호두알 네 개, 밤 세 개, 대추 여섯 개, 유자청 한 홉, 꿀 조금, 잣 삼십 알, 계핏가루 약간 등으로 만든다.

두텁떡을 만드는 순서는 다음과 같다. 먼저 찹쌀을 깨끗이 씻어서 하룻밤 물에 담갔다가 소쿠리에 건져 물기를 빼고 소금을 넣어 곱게 빻는다. 다음에 회색팥을 물에 담가 불린 후 껍질을 벗겨낸다. 시루에 보자기를 깔고 회색팥을 푹 쪄서 식힌 후 빻아 가루로 만든다. 이것을 다시 솥에 넣고 볶으면 팥가루에 남아 있을 물기가 완벽히 제거된다. 볶은 팥가루에 엷은 계피색이 나도록 계핏가루와 여러 해 묵힌 한식 간장을 조금 넣는다. 이것을 골고루 섞어서 중간 굵기 정도의 체에 한 번 내린다. 이러면 팥가루가 완성된다. 마지막으로 호두·밤·대추·유자청이 서로 엉키게 버무리고 여기에 잣과 계핏가루, 그리고 꿀을 조금 넣고 곱게 반죽하면 소 마련도 끝난다.

이렇게 모든 재료가 준비되었으면 시루에 안쳐서 본격적으로 떡을 찐다. 먼저 시루에 보자기를 깔고 바닥이 보이지 않도록 팥가루를 넉넉히 뿌린다. 그 위에 찹쌀가루 한 숟가락을 떠서 놓고, 가운데에 작은 숟가락으로 소를 올린 다음, 한 번 더 찹쌀가루로 소를 덮어 봉우리처럼 볼록하게 만든다. 여기에 쌀가루가 보이지 않을 만큼 팥가루로 위를 덮는다. 이렇게 한 켜 한 켜 쌓아 올린 다음 뚜껑을 덮어 푹 쪄서 뜸을 들인다. 이러면 황금색의 두텁떡이 완성된다. 이것을 백자 고배 위에 가지런히 쌓아 올리면 그 모양이 먹음직하면서도 큰상을 빛나게 만든다.

두 번째 줄에는 보시기가 아홉 개 놓였는데, 아마도 간장·초간장·무김치·나박김치·무나물·호박나물·죽순나물·동과선·다시마부각 등이 놓였을 것으로 여겨진다. 이 중 동과선은 박과에 속하는 동과冬瓜라는 식물로 만든 음식이다. 동과의 껍질은 벗기고 속은 긁어내 먹기 좋게 잘라 기름에 볶은 후 잣가루를 묻혀 먹는다. 이 음식들은 반찬으로 마련되기도 하지만, 연회의 음식상을 형형색색으로 꾸미는 데도 좋다.

세 번째 줄에는 굽이 높은 흰색의 도자기에 일곱 개의 음식이 놓였다. 주로 숙실과, 다식, 유밀과 따위가 담긴 것 같다. 신부와 가장 가까운 쪽에도 보시기와 고배 등으로 보이는 흰색 도자기가 여러 점 보인다. 보통 큰상의 안쪽에는 밥과 국, 국수장국 등이 놓이는데 마주 보고 앉은 시어머니나 다른 여인의 상에는 이런 음식이 담긴 대접이 보이지 않는다. 아마도 신부의 큰상에만 식사가 될 만한 음식을 차려주지 않았을까 추정해본다.

'신고식'을 치르는 신부

18세기를 살았던 안정복安鼎福(1712~1791)은 1760년(영조 36), 2년 전 자기 집에서 혼례를 치르고 내내 함께 살다가 신행을 떠나는 딸에게 다음과 같은 말을 전했다. "네가 슬하에 있던 20년 동안 나를 하늘처럼 생각했다. 그런데 이제 그 하늘이 바뀌어 너의 남편을 따라가는구나." 남편이 하늘이면 그의 부모와 친척들 역시 곧 하늘과 같았을 것이다.

하늘 같은 시어머니와 손위 동서들 앞에 앉은 신부는 아무리 화려한 음식이 차려진 큰상을 받아도 결코 기쁜 표정을 지을 수 없었을 것이다. 맞은편에 앉은 시어머니의 매서운 눈초리는 얼굴조차 들 수 없게 만든다. 손위 동서들도 마찬가지다. 이들은 자신들의 집에 들어온 새 식구의 품성이 어떠한지를 살피는 중이다. 신부에게 이 자리는 곧 시가에서의 '신고식'인 셈이다.

심지어 시집온 신부는 '시집의 귀신'이 되어야 했다. 친정에서 일어나는 어떤 일에도 목소리를 낼 수 없었다. 이러한 인식은 20세기 내내 이어졌다. 오래도록 시가 위주의 폐백이 행해졌고 여전히 예식장이나 예배당, 성당에는 폐백실이 있다. 21세기에 들어서는 신랑과 신부 양가 부모가 모두 참석해 폐백을 하는 집이 늘어나고 있다.

〈**탑원도소회지도**塔園屠蘇會之圖〉
안중식, 1912년, 23.4×35.4cm, 간송미술관 소장.

22

새해 첫날
나라 잃은 사람들이 마신 '도소'의 술

달도 뜨지 않은 밤, 누각 마루에 여덟 사람이 앉아 술잔을 기울이며 담소를 나누고 있다. 그중 한 사람은 누각 아래 안개로 자욱한 수풀을 내려다본다. 누각 저 너머에는 숲속에 자태를 감춘 흰색 탑 하나가 우뚝 솟아 있다.

이 그림은 조선시대 진경산수화와는 다른 서양식 원근법으로 그려졌다. 서양식 원근법은 소실점을 사용하여 3차원의 공간이나 대상을 평면 위에 표현하는 선원근법(투시원근법)과 색채의 조절을 통해 거리감과 공간감을 표현하는 대기원근법 등이 있다. 원근법이 적용된 이 그림은 가까운 데는 색이 진하고 누각과 앉은 사람의 모습도 뚜렷한 것에 비해, 먼 데는 흐릿하다. 더욱이 그림의 왼쪽 절반을 여백으로 남겨두어 그림의 아름다움을 배가했다. 곧 이 그림은 20세기에 형성된 근대 한국 산수화의 전형이다.

오세창 집의 누각에 모인 사람들

이 그림의 화가는 앞서 〈한일통상조약체결기념연회도〉를 그린 안중식이다. 그는 영화 〈취화선〉으로 익숙한 조선 후기 화가 오원吾園 장승업張承業(1843~1897)으로부터 그림을 배웠다. 그림 왼쪽의 화제에는 "임자壬子년의 원일元日 밤에 원園의 주인 위창葦滄을 위해 그렸다"라고 적혀 있다.❶ 위창은 3·1운동 민족대표 33인 중 한 사람인 오세창吳世昌(1864~1953)이다. 즉 안중식이 그린 이곳은 바로 오세창 집의 누각이었다.

오세창의 집은 지금의 서울 종로3가역 부근인 돈의동敦義洞에 자리했다. 지금에야 돈의동이 큰 건물들로 둘러싸여 있으므로 시야가 가로막혀 주변을 보기 어렵지만 임자년(1912) 당시만 해도 오세창의 집에서는 동쪽에 우뚝 선 탑을 한눈에 볼 수 있었다. 그래서 오세창은 자신의 집을 '탑원塔園'이라고 불렀다.

그림에 보이는 탑은 당시 '백탑白塔'이라고 불렀는데, 바로 지금의 서울 종로구 탑골공원에 있는 원각사지십층석탑을 가리킨

❶

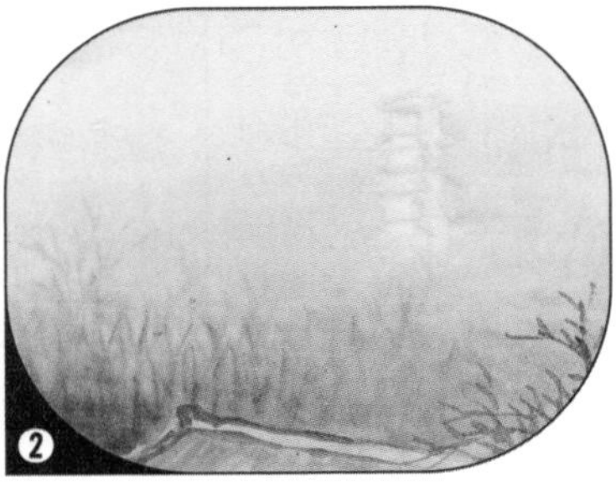
❷

다.❷ 원각사지십층석탑은 1946년 지금의 모습으로 복원되기 이전만 해도 위의 3개 층이 없었다. 따라서 그림 속의 탑은 10층이 아니라 7층이었을 것이다. 임진왜란 때 왜군이 일본으로 반출하기 위해 해체했다는 주장과 연산군 때 창덕궁에서 남쪽을 보면 유난히 탑신부가 눈에 거슬려 3개 층만 내렸다는 주장이 전하지만, 모두 분명하지는 않다.

탑골공원은 1980년대까지 '파고다공원'이라고 불렸다. 1896년쯤 공원이 조성될 때 '백탑'의 영어 발음인 'Pagtab'이 변형되었다는 설과 탑을 뜻하는 'Pagoda'로 지었다는 설이 전해진다. 처음 조성된 공원에는 간단한 울타리와 수십 그루의 나무, 그리고 몇 개의 벤치만 설치되어 있었다. 조선총독부는 1910년 이후 이곳에 정자·화단·연못·산책로·전등·온실 등의 공원 시설을 만들고 벚나무와 상록수를 심어 근대적 공원으로 개발했다.

그렇다면 1912년 새해 첫날 밤에 백탑이 내려다보이는 오세창의 집에 모인 사람들은 누구일까? 누각의 마루에는 색색의 두루마기를 걸친 여덟 명의 사람들이 술병과 술잔을 놓고 앉았다.❸ 여기엔 당연히 집주인 오세창과 그림을 그린 안중식도 섞여 있을 것이다.

❸

오세창은 조선 후기 역관 집안 출신이다. 그의 아버지 오경석吳慶錫(1831~1879)도 중국어 역관이었으며, 오세창도 20세 무렵에 아버지와 같은 길을 걸었다. 이런 삶의 배경으로 개항 이후 오세창은 근대적인 직업을 두루 거쳤다. 박문국博文局 주사主事로서 조선 왕실에서 펴냈던 신문 《한성순보》의 기자를 겸했고, 군국기무처軍國機務處·농상공부農商工部·통신원通信院 등의 근대적인 정부 기관에서 근무했다. 자연히 그는 개화파 선두에 있었다. 결국 김옥균金玉均(1851~1894)과 함께 개화파 일원이 되었으나, 1884년 갑신정변이 실패하자 일본으로 망명했다가 귀국했다.

오세창보다 세 살이 많았던 안중식은 근대 문물을 배우고자 1891년과 1899년, 그리고 1900년에 중국 상하이와 일본 교토·오사카 등지에 머물면서 그림을 그렸다. 귀국 후 1902년에는 고종의 재위 40주년을 기념하여 조직된 어진도사도감御眞圖寫都監에서 임금의 초상화를 직접 그리는 도사직圖寫職을 맡기도 했다.

나이가 비슷했던 오세창과 안중식은 막역한 사이였다. 특히 나라 잃은 설움을 달래기 어려웠던 당시 두 사람을 비롯한 오세창의 지인들은 한데 모여 새해 인사를 나누면서 새로운 일을 도모하고자 했을 것이다. 아쉽게도 모임에 참석한 나머지 인물들이 누구인지 짐작할 수 있는 자료는 아직 발견되지 않았다.

'도소주'란?

안중식은 1912년의 이 모임을 '도소회屠蘇會'라고 적었다. '도소'는 새해 첫날에 마시는 술을 가리키는 말이다. 홍석모는 《동국세시기》 정월 편에서 도소주가 중국 남북조시대 사람들이 새해 첫날 마셨던 술에서 유래했다고 적었다.《동국세시기》외에도 조선시대의 많은 문헌에서 도소주를 음력 정월 첫날에 마시는 술이라고 전하고 있다.

하지만 18세기 중후반을 살았던 정동유鄭東愈(1744~1808)는《주영편晝永編》이란 책에서 도소주를 정월 초하룻날이 아니라, 한 해의 마지막 날인 섣달그믐에 마시는 술이라고 적었다. 아울러 정동유는 도소가 '도절소성屠絶蘇醒', 즉 "귀신의 기운을 무찔러 끊어버리고, 사람의 혼을 살려 깨우친다"라는 뜻에서 비롯했다는 데 반대했다. 정동유는 옛글을 정리하여 도소가 집의 이름이라고 보았다. 그는 "손사막孫思邈(중국 당나라의 의학자)이 도소주라고 한 것은 암자의 이름을 따다가 술 이름으로 한 것"이라고 주장했다.

정동유는 여기에 머물지 않고 논증을 계속 이어갔다. 그는 여러 문헌을 살펴보며 도소는 평평한 집의 형상이나 술그릇, 덮개가 있는 갓 등을 두루 가리킨다는 사실을 밝혀냈다. "그렇다면 섣달그믐날 마시는 술 이름을 도소라고 하는 것은 반드시 사람이 사는 암자 이름이나 모자로 착용하는 갓의 이름에서 나온 것은 아닐 테고, 술을 담는 그릇에서 나온 이름일 가능성이 크다"라는 것이 정동유의 결론이었다. 하지만 당시 정동유의 이런 주장을 받아들인 이들은 거의 없었다.

한편 도소주는 도소라는 약재가 핵심이라는 설도 있다. 천초川椒, 방풍防風, 도라지, 밀감 껍질, 계피 등을 섞은 것이 도소라고 알려지는데, 이 배합은 중국의 신화적인 한의사인 후한後漢의 화타華陀 혹은 당나라의 손사막이 만들었다고 전한다.

이들이 도소주를 마신 이유는?

이런 도소의 유래는 모두 설에 가까우므로, 탑원에 모인 사람들이 반드시 앞서 소개한 재료로 도소주를 빚어 마셨다고 보기는 어렵다. 그저 정월 초하룻날에 마시는 술을 두고 도소주라고 불렀을 가능성이 더 크다. 당나라 이후 중국 사람들은 음력 정월 첫날에 도소주를 마셔야 1년의 사악한 기운을 물리치고, 오랫동안 살 수 있다고 믿기도 했다.

일본인도 13세기 이후 중국으로부터 도소주 마시는 관습을 받아들여, 오늘날까지도 새해 첫날 신사神社에 참배하러 가면 누구나 도소주를 마신다. 식민지 시기 서울을 비롯한 도시에 사는 일본인 중에는 양력 1월 1일에 도소주를 과음하여 사고 치는 남성이 적지 않았다고 한다. 이 모습을 보던 조선인의 심정은 말이 아니었을 테다. 조선인에게 음력 설날을 쇠지도 못하게 하면서, 도소주에 취한 일본인 세배꾼들의 나막신 소리가 요란했을 테니 말이다.

1919년 3월 1일, 그림 속 백탑이 서 있던 파고다공원에서 '기미독립선언문'이 낭독되었다. 이 일을 주도했던 인물 중에는 탑원의 집주인 오세창도 포함되어 있었다. 하지만 그를 비롯한 민족대표 33인은 인사동의 태화관泰華館이란 요릿집에서 일본 경찰에 연행되었다. 그 사건이 있기 7년 전인 1912년 새해 첫날 밤, 오세창과 안중식 그리고 나머지 여섯 사람은 식민지가 된 조선의 앞날을 걱정하며 일본 경찰의 눈에 띌까봐 일본인처럼 도소주를 마시고 있었던 것은 아닐까?

참고문헌

각 부의 머리글

유희柳僖, 《문통文通》.

김대식, 〈문화유산을 담은 보물상자 '유리원판사진'〉, 《기록인》 제21호, 2012.

김덕진, 《대기근, 조선을 뒤덮다: 우리가 몰랐던 17세기의 또 다른 역사》, 푸른역사, 2008.

심경호, 〈유희의 문학과 학문에 드러난 '구시구진求是求眞' 경향〉, 《진단학보》 제118호, 2013.

안대회, 〈18·19세기의 음식취향과 미각에 관한 기록: 심노숭沈魯崇의 《효전산고孝田散稿》와 《남천일록南遷日錄》을 중심으로〉, 《동방학지東方學志》 제169집, 2015.

안대회·이용철·정병설, 《18세기의 맛: 취향의 탄생과 혀끝의 인문학》, 문학동네, 2014.

오수창, 〈오늘날의 역사학, 정조 연간 탕평정치 및 19세기 세도정치의 삼각대화〉, 《역사비평》 제116호, 2016.

이정수, 〈16세기의 금주령禁酒令과 검약령儉約令〉, 《한국중세사연구》 제14호, 2003.

정형지, 〈조선시대 기근과 정부의 대책〉, 《이화사학연구梨花史學研究》 제30집, 2003.

제프리 M. 필처, 김병순 옮김, 주영하 감수, 《옥스퍼드 음식의 역사: 27개 주제로 보는 음식 연구》, 따비, 2020.

주영하,《그림 속의 음식, 음식 속의 역사》, 사계절, 2005.
주영하,《조선의 미식가들》, 휴머니스트, 2019.
주영하,《백년식사: 대한제국 서양식 만찬부터 K-푸드까지》, 휴머니스트, 2020.

1장 경복궁 근정전 앞마당에서 술에 취해 비틀거리다

《중종실록中宗實錄》
이색, 〈서린조판사이아자길래 명천길西隣趙判事以阿剌吉來 名天吉〉,《목은시고》 제33권.
김경희, 〈회례연에 나타나는 시대상의 반영〉,《국악원논문집》 제14집, 2002.
송혜진, 〈중종조 사연賜宴 양상을 통해 본 주악도상 분석〉,《한국음악연구韓國音樂研究》 제50집, 2011.
윤진영,《조선 시대의 삶, 풍속화로 만나다》, 다섯수레, 2015.
이정수, 〈16세기의 금주령禁酒令과 검약령儉約令〉,《한국중세사연구》 제14호, 2003.
정형지, 〈조선시대 기근과 정부의 대책〉,《이화사학연구梨花史學研究》 제30집, 2003.
주영하,《조선의 미식가들》, 휴머니스트, 2019.

2장 기영회에서 마신 데운 술

장유張維, 〈주로명酒鑪銘〉,《계곡집谿谷集》 제2권.
김유, 김채식 옮김,《수운잡방》, 글항아리, 2015.
오민주, 〈조선시대 기로회도 연구〉, 고려대학교대학원 문화재학협동과정 미술사전공 석사학위청구논문, 2009.
유옥경, 〈조선 후기 풍속화에 나타난 주로의 시각적 재현〉,《미술사논단》 제27호, 2008.
윤진영,《조선 시대의 삶, 풍속화로 만나다》, 다섯수레, 2015.
주영하,《삼해주(약주): 서울특별시 무형문화재 제8호》, 서울특별시, 2020.
최경현, 〈조선시대 기영회도耆英會圖의 일례 : 국립중앙박물관 유리건판본 〈선조조기영회도宣祖朝耆英會圖〉를 중심으로〉,《미술사연구》 제40호, 2021.
최지희·홍나영, 〈〈기영회도耆英會圖〉에 나타난 16세기 복식에 관한 연구: 남자복식을 중심으로〉, 《복식服飾》 제53권 제3호, 2003.

3장 102세 노모 경수연에 남성 궁중 요리사가 나선 이유

《선조실록宣祖實錄》
이유원李裕元, 〈경수연慶壽宴〉, 《임하필기林下筆記》 제32권.
이익李瀷, 〈경수연도서慶壽宴圖序〉, 《성호전집星湖全集》 제51권.
허목許穆, 〈경수연도기慶壽宴圖記〉, 《기언記言》 제12권.
고려대학교 민족문화연구소, 《한국민속대관韓國民俗大觀 1-2》, 고려대학교출판부, 1980.
김상보, 《조선왕조궁중의궤음식문화朝鮮王朝宮中儀軌飮食文化》, 수학사, 1995.
김상보, 《조선왕실의 풍정연향豊呈燕享》, 민속원, 2016.
박정혜, 〈조선시대 의령남씨 가전화첩〉, 《미술사연구》 제2권, 1988.
윤진영, 《조선 시대의 삶, 풍속화로 만나다》, 다섯수레, 2015.

4장 조선에 온 청나라 사신, 일곱 잔 술에 공연히 취하다

《승정원일기承政院日記》
박종훈, 〈청 사신 아극돈의 조선 인식: 〈봉사도〉와 연관하여〉, 《온지논총溫知論叢》 제31집, 2012.
박종훈, 〈청대 문인들의 대조선인식: 아극돈의 《동유집》과 《봉사도》의 서발문序跋文을 중심으로〉, 《동아시아문화연구》 제53집, 2013.
사진실, 《공연문화의 전통》, 2002.
왕런샹, 주영하 옮김, 《중국 음식 문화사》, 민음사, 2010.
정은주, 〈아극돈 《봉사도》 연구〉, 《미술사학연구》 제247호, 2005.
주영하, 《조선의 미식가들》, 휴머니스트, 2019.
황유복, 〈청아극돈 《봉사도》 초탐初探 〉, 《아세아문화연구》 제3집, 1999.
황유복, 〈《봉사도》 성서시말〉, 《아세아문화연구》 제4집, 2000.

5장 조선시대, 궁중에서 우유를 짰다

강관식, 〈관아재觀我齋 조영석趙榮祏 화학고畵學考 상〉, 《미술자료》 제44호, 1989.

고경희, 〈조선시대 한국풍속화에 나타난 식생활문화에 관한 연구〉, 《한국식생활문화학회지》 제18권 제3호, 2003.

김유, 김채식 옮김, 《수운잡방》, 글항아리, 2015.

김호, 〈이규경의 의학론과 신체관〉, 《19세기 조선, 생활과 사유의 변화를 엿보다》, 돌베개, 2005.

마빈 해리스, 서진영 옮김, 《음식문화의 수수께끼》, 한길사, 2018.

유홍준, 〈관아재 조영석: 선비정신과 사실정신의 만남〉, 《역사비평》 통권22호, 1993.

윤진영, 《조선 시대의 삶, 풍속화로 만나다》, 다섯수레, 2015.

이은하, 〈관아재 조영석의 생애와 회화 연구〉, 고려대학교대학원 문화재학전공 석사학위청구논문, 2003.

이은하, 〈관아재 조영석의 회화 연구〉, 《미술사학연구》 제245호, 2005.

조영석, 한국정신문화연구원자료조사실 편, 《관아재고觀我齋稿》, 한국정신문화연구원, 1984.

주영하, 《장수한 영조의 식생활》, 한국학중앙연구원출판부, 2014.

채혜성, 〈관아재 조영석의 풍속화 연구〉, 숙명대학교대학원 한국사전공 석사학위청구논문, 2005.

해나 벨튼, 강경이 옮김, 주영하 감수, 《밀크의 지구사》, 휴머니스트, 2012.

6장 혼인한 지 60년, 경사로다!

유중림柳重臨, 〈치선治膳〉, 《증보산림경제增補山林經濟》.

정약용丁若鏞, 〈회근연수준명回巹宴壽樽銘〉, 《다산시문집茶山詩文集》 제12권.

고경희, 〈18세기 조선시대 회갑연과 회혼례 회화에 나타난 식생활 문화에 관한 연구〉, 《한국식생활문화학회지》 제18권 제6호, 2003.

고려대학교 민족문화연구소, 《한국민속대관韓國民俗大觀 1-2》, 고려대학교출판부, 1980.

박정혜, 〈홍익대학교박물관 소장 〈회혼례도병〉〉, 《미술사연구》 제6권, 1992.

윤진영, 《조선 시대의 삶, 풍속화로 만나다》, 다섯수레, 2015.
이광규, 《한국인의 일생》, 형설출판사, 1985.
조경아, 〈그림으로 읽는 조선시대의 춤 문화 3: 사적공간의 춤 그림〉, 《무용역사기록학》 제62호, 2021.
홍선표, 〈조선 말기 평생도의 혼례 이미지〉, 《미술사논단》 통권47호, 2018.

7장 벼 타작 소리 속, 흥취가 넉넉하다

문화공보부 문화재관리국 편, 《한국의 농기구》, 문화공보부문화재관리국, 1969.
오주석, 《단원 김홍도: 조선적인, 너무나 조선적인 화가》, 열화당, 2004.
이경화, 〈강세황 연구〉, 서울대학교대학원 고고미술사학과 미술사전공 박사학위청구논문, 2016.
이민재, 〈탈곡 농기구 그네의 사회사: 개량에서 복고로〉, 《실천민속학연구》 제38호, 2021.
이중희, 〈《단원풍속화첩》 진위 문제에 대하여〉, 《동양예술》 제21호, 2013.
이태호, 〈'단원다움'의 기준은 엄정해야〉, 《월간미술》 제8권 제2호, 1996.
정은진, 〈강세황의 〈단원기〉와 〈유금강산기〉 분석: 사대부 문인과 여항 화가의 교유관계의 의미〉, 성균관대학교대학원 한문학전공 석사학위청구논문, 1998.
주영하, 《음식전쟁 문화전쟁》, 사계절, 2000.
심경호, 〈조선후기 회화와 문학〉, 제천시청 강의록www.jecheon.go.kr.

8장 힘든 김매기에 푸짐한 새참 먹어보자

류기선, 〈농업생산과 교환〉, 《일산 사람들의 삶과 문화: 역사 민속 조사보고》, 한국선사문화연구소, 1992.
오주석, 《단원 김홍도: 조선적인, 너무나 조선적인 화가》, 열화당, 2004.
이경화, 〈우리시대의 그림 풍속화: 강세황의 비평활동과 김홍도의 행려풍속도〉, 《미술사와 시각문화》 제15호, 2015.
주영하, 〈생산민속〉, 《고양시민속대관 1》, 고양문화원, 2002.

주영하, 《식탁 위의 한국사: 메뉴로 본 20세기 한국 음식문화사》, 휴머니스트, 2013.
진준현, 〈낱폭으로 흩어진 김홍도의 풍속도병풍에 대하여〉, 《문헌과 해석》 통권 53호, 2010.

9장 길가에 앉아 술 한잔 마시며 사또를 생각하다

오주석, 《단원 김홍도: 조선적인, 너무나 조선적인 화가》, 열화당, 2004.
이수건, 《조선시대 지방행정사》, 민음사, 1989.
이훈상, 〈조선후기 읍치에 있어서 공공의례의 다층성과 향리 주재의 중재 제의〉, 《성곡논총》 제32집 상권, 2001.
전순의, 한복려 엮음, 《다시 보고 배우는 산가요록》, 궁중음식연구원, 2011.
주영하, 〈술상을 차리다: 한반도 술의 역사와 문화〉, 《술, 이야기로 빚다》, 국립무형유산원, 2015.
진준현, 〈단원 김홍도 연구〉, 서울대학교대학원 고고미술사학과 박사학위청구논문, 1998.
村山智順, 《朝鮮場市の研究》, 国書刊行会, 1999.

10장 어부의 점심에 숭어가 올라오다

박수희, 〈조선 후기 개성 김씨 화원 연구〉, 서울대학교대학원 미술사전공 석사학위청구논문, 2005.
박수희, 〈조선 후기 개성 김씨 화원 연구〉, 《미술사학연구》 제256호, 2007.
빙허각 이씨, 《규합총서》, 한국정신문화연구원, 2001.
샤를르 달레, 안응렬·최석우 주석, 《한국천주교회사》, 분도출판사, 1979.
송태원, 〈긍재 김득신의 회화 연구〉, 홍익대학교대학원 미술사전공 석사학위청구논문, 1990.
영창서관편집부 편, 《증보조선무쌍신식요리제법》, 영창서관, 1936.
유중림, 농촌진흥청 편, 《증보산림경제》, 농촌진흥청, 2003.
주영하, 〈생산민속〉, 《고양시민속대관 1》, 고양문화원, 2002.

주영하, 《음식 인문학: 음식으로 본 한국의 역사와 문화》, 휴머니스트, 2011.

11장 혜경궁의 회갑 잔치를 올리고 장수를 기원하다

김상보, 《한국의 음식생활문화사》, 광문각, 1997.
김천흥, 《정재무도홀기 창사보》, 민속원, 2002.
박정혜, 《조선시대 궁중기록화 연구》, 일지사, 2000.
송혜진, 〈혜경궁 홍씨의 회갑연: '봉수당진찬'의 공연사적 의의〉, 《한국어와 문화》 제7집, 2010.
유재빈, 〈《원행을묘정리의궤》도식, 그림으로 전하는 효과와 전략〉, 《奎章閣》 제52집, 2018.
정조 명찬, 김문식 역해, 《원행을묘정리의궤: 사도세자의 복권을 위한 1795년의 특별한 행사》, 아카넷, 2020.
한영우, 《반차도로 따라가는 정조의 화성행차》, 효형출판, 2007.

12장 느슨해진 금주령, 그래도 찾아간 술집

유만공柳晩恭, 《세시풍요歲時風謠》.
강명관, 《조선 사람들, 혜원의 그림 밖으로 걸어나오다》, 푸른역사, 2001.
김나연, 〈신윤복의 풍속화 연구: 《혜원전신첩》을 중심으로〉, 이화여자대학교대학원 미술사전공 석사학위청구논문, 2001.
김현미, 〈《혜원전신첩》에 드러난 '양반이미지' 분석: 천인 여성과의 관계를 중심으로〉, 이화여자대학교대학원 국제대학원 한국학전공 석사학위청구논문, 2009.
박소영, 〈조선시대 금주령의 법제화 과정과 시행양상〉, 전북대학교대학원 사학전공 석사학위청구논문, 2010.
박소영, 〈조선시대 금주령의 법제화 과정과 시행양상〉, 《전북사학》 제42호, 2013.
신선영, 〈일제강점기 신윤복 풍속화의 부상과 재평가〉, 《미술사학연구》, 제301호, 2019.

신윤복, 최완수 해제,《혜원전신첩》, 탐구당, 1974.
유희경,《한국복식사연구》, 이화여자대학교출판문화원, 2002.
이원복,〈혜원 신윤복의 화경〉,《미술사연구》 제11호, 1997.
조효순,〈조선조 풍속화에 나타난 여자의 기본복식연구 1: 치마, 저고리를 중심으로〉,《한복문화》 1-2, 1998.
주영하,《식탁 위의 한국사: 메뉴로 본 20세기 한국 음식문화사》, 휴머니스트, 2013.

13장 생선과 채소를 팔러 나온 아낙

유한준俞漢雋,〈제속화팔폭題俗畫八幅〉,《자저自著》.
이덕무李德懋,〈이목구심서耳目口心書〉,《청장관전서靑莊館全書》 제52권.
고동환,《조선시대 시전상업 연구》, 지식산업사, 2013.
서울역사편찬원,《조선 후기 서울 상업공간과 참여층》, 서울역사편찬원, 2021.
이경택,〈서울의 도시경관 형성과 변화에 관한 동인 연구〉, 고려대학교대학원 지리학전공 박사학위청구논문, 2012.
정병모,〈김홍도의《매해파행》과 여성풍속〉,《여성·일·미술: 한국미술에 나타난 여성의 노동》, 서강출판사, 2006.
정은진,〈표암 강세황의 서화제발 연구〉,《대동한문학》 제27집, 2007.
정은진,〈18세기 속화 관련 제발을 통해 본 통속성 연구〉,《한문학논집》 제39집, 2014.

14장 효명세자가 기획한 순조의 40세 생일잔치

《경현당수작시등록景賢堂受爵時謄錄》
《기축진찬의궤己丑進饌儀軌》
《을유수작의궤乙酉受爵儀軌》
주영하,《조선의 미식가들》, 휴머니스트, 2019.

15장 조기잡이 풍성하니 어깨춤이 절로 나네

《승정원일기承政院日記》
강관식, 〈《단원풍속도첩》의 작가 비정과 의미 해석의 양식사적 재검토〉, 《미술사학보》 제39집, 2012.
신선영, 〈개항기 '김홍도 풍속화'의 모방과 확산〉, 《미술사학연구》 제283-284호, 2014.
오주석, 《단원 김홍도: 조선적인, 너무나 조선적인 화가》, 열화당, 2004.
이태원, 《현산어보를 찾아서 3》, 청어람미디어, 2002.
정약전, 권경순·김광년 옮김, 《자산어보玆山魚譜》, 더스토리, 2021.
주강현, 《조기에 관한 명상》, 한겨레신문사, 1998.
주영하, 〈생산민속〉, 《고양시민속대관 1》, 고양문화원, 2002.
주영하, 〈상인 100년을 말한다: 강갱이들의 재도전〉, 《흙으로 빚은 이야기 10호》 열림원, 2003.
주영하, 《음식 인문학: 음식으로 본 한국의 역사와 문화》, 휴머니스트, 2011.
해양수산부, 《갯벌의 어민생활과 어로활동》, 해양수산부, 2021.

16장 숯불 쇠고기에 한잔 술, '야연'의 희열

《무진진찬의궤》
서유구徐有榘, 《옹희잡지雍熙雜志》.
유득공柳得恭, 《경도잡지京都雜誌》.
허균許筠, 《도문대작屠門大嚼》.
홍석모洪錫謨, 《동국세시기東國歲時記》.
강명관, 《조선 풍속사 2: 조선 사람들, 풍속으로 남다》, 푸른역사, 2010.
신선영, 〈개항기 '김홍도 풍속화'의 모방과 확산〉, 《미술사학연구》 제283-284호, 2014.
유희경, 《한국복식사연구》, 이화여자대학교출판문화원, 2002.
주영하, 《조선의 미식가들》, 휴머니스트, 2019.
한식재단, 《화폭에 담긴 한식: 조선시대 풍속화에 그려진 우리 음식》, 한림출판사,

2015.

17장 일본 사신, '승가기'를 동래부사에게 바치다

《증정교린지》
심노숭沈魯崇, 《남천일록南遷日錄》.
이학규李學逵, 《낙하생고洛下生稿》.
김동철, 〈조선후기 왜관 개시무역과 동래상인〉, 《민족문화》 제21집, 1998.
다시로 가즈이, 정성일 옮김, 《왜관: 조선은 왜 일본사람들을 가두었을까?》, 논형, 2005.
백원철, 〈낙하생 이학규의 생애와 문학〉, 《한국한문학연구》 제6권, 1982.
부산박물관, 《초량왜관: 교린의 시선으로 허하다》, 부산박물관, 2017.
안대회, 〈18·19세기의 음식취향과 미각에 관한 기록: 심노숭沈魯崇의 《효전산고孝田散稿》와 《남천일록南遷日錄》을 중심으로〉, 《동방학지東方學志》 제169집, 2015.
유송옥·박금주, 〈동래부사접왜사도병에 나타난 지방관아의 복식〉, 《인문과학》 제22집, 1992.
이진희, 〈부산포를 그린 조선조시대의 그림에 대하여〉, 《최영희선생 화갑기념 한국사학논총》, 탐구당, 1987.
최영희, 〈정선의 동래부접왜사도〉, 《고고미술》 제129·130호, 1976.
하우봉, 〈《증정교린지》의 사료적 성격〉, 《민족문화》 제21집, 1998.
허지은, 〈쓰시마 조선어통사 오다 이쿠고로小田幾五郎의 생애와 대외인식: 《통역수작通譯酬酢》을 중심으로〉, 《동북아역사논총》 제30호, 2010.
小田幾五郎, 田代和生 編著, 《通訳酬酢》, ゆまに書房, 2017.
佐治宇右衛門, 《裁判記録》.

18장 세상은 혼란해도 술 한잔과 엿으로 태평성대를 꿈꾸다

김상엽, 〈《혜산화첩蕙山畵帖》〉, 《동양고전연구》 제24호, 2006.
안재식·장경태·고윤영·이성노, 〈혜산 유숙(1827-1873)의 〈대쾌도大快圖〉에 보이는 택견의 이해〉,《한국체육과학회지》 제24권 제6호, 2015.
유옥경, 〈혜산 유숙(1827-1873)의 회화연구〉, 이화여자대학교대학원 미술사전공 석사학위청구논문, 1995.
유옥경, 〈혜산 유숙(1827-1873)에 대한 고찰: 생애와 중인동료와의 교유관계를 중심으로〉,《역사문화연구》 제12집, 2000.
윤진영,《조선 시대의 삶, 풍속화로 만나다》, 다섯수레, 2015.
이성우,《한국식품문화사》, 교문사, 1984.
주영하,《조선의 미식가들》, 휴머니스트, 2019.
진준현, 〈우리 풍속화의 아름다움과 다양함을 볼 수 있는 기회〉,《문화예술 2002년 5월 호》, 2002.
한희순·황혜성·이혜향,《이조궁정요리통고》, 학총사, 1957.
허인욱,《옛 그림에서 만난 우리 무예 풍속사》. 푸른역사, 2005.

19장 식탁 위의 서양 음식이 말하는 것

《대한예전大韓禮典》
《한성순보漢城旬報》
목린덕 부인, 고병익 번역, 〈목린덕의 수기〉,《진단학보》 제24호, 1963.
발터 라이퍼 편, 〈과도기의 학자이며 정치가였던 묄렌도르프〉,《묄렌도르프》, 정민사, 1983.
백성현·이한후,《파란 눈에 비친 하얀 조선》, 새날, 1999.
샤를 루이 바라·샤이에 롱, 성귀수 옮김,《조선기행: 백여 년 전에 조선을 다녀간 두 외국인의 여행기》, 눈빛, 2001.
이구열,《한국근대회화선집: 한국화 1 안중식》, 금성출판사, 1990.
이정희, 〈개항기 근대식 궁정연회의 성립과 공연문화사적 의의〉, 서울대학교대학원 협동과정 한국음악학전공 박사학위청구논문, 2010.
장지현,《한국 외래주류 입사 연구》, 수학사, 1987.
주영하, 〈식탁 위의 근대: 1883년 조일통상조역 기념 연회도를 통해서〉,《사회와역사》 통권66호, 2004.
주영하,《한국인은 왜 이렇게 먹을까? : 식사 방식으로 본 한국 음식문화사》, 휴머니스트, 2018.
퍼시벌 로웰, 조경철 옮김,《내 기억 속의 조선, 조선 사람들》, 예담출판사, 2001.
헤세-바르텍, 김영자 편역,《서울, 제2의 고향: 유럽인의 눈에 비친 100년 전 서울》, 서울학연구소, 1994.

20장 국수틀에 사람이 올라간 사연

Junker, Heinrich, KI-SAN Alte Koreanische Bilder: Landschaften und Volksleben, VEB Otto Harrassowitz, 1958.
국립민속박물관,《기산 풍속화에서 민속을 찾다: 특별전 학술대회 자료집》, 국립민속박물관, 2020.
국립민속박물관,《기산 풍속화에서 민속을 찾다》, 국립민속박물관, 2020.
서유구, 임원경제연구소 옮김,《임원경제지: 섬용지》, 풍석문화재단, 2016.
서유구, 임원경제연구소 옮김,《임원경제지: 정조지 1》, 풍석문화재단, 2020.
신선영, 〈기산 김준근 회화 연구〉, 한국학중앙연구원 한국학대학원 미술사학전공 박사학위청구논문, 2012.
장지현,《한국전래 면류음식사연구》, 수학사, 1994.
정약용, 김종권 역주,《아언각비雅言覺非》, 일지사, 1976.
조선과학백과사전출판사·한국평화문제연구소,《조선향토대백과: 12 함경남도》, 평화문제연구소, 2003.
조흥윤·게르노트 프루너,《기산풍속도첩》, 범양사, 1984.
주영하,《조선의 미식가들》, 휴머니스트, 2019.
주영하,《백년식사: 대한제국 서양식 만찬부터 K-푸드까지》, 휴머니스트, 2020.
지명희·김익천,《우리 민족료리》, 근로단체출판사, 2008.
하인리히 F. J. 융커, 이영석 옮김,《기산 한국의 옛그림: 풍경과 민속》, 민속원, 2003.

21장 시집온 새색시 '큰상'을 받다

윤서석, 〈식생활의 전통양식〉, 《전통적 생활양식의 연구 중》, 한국정신문화연구원, 1982.

이광규, 《한국인의 일생》, 형설출판사, 1985.

장철수, 〈전통적인 관혼상제의 연구〉, 《한국의 사회와 문화》 제2집, 한국정신문화연구원, 1980.

주영하·양미경·조희진·김혜숙·정헌목·양영균, 《두 가지 스타일의 한국 결혼식: 전통과 현대의 이중주》, 한국학중앙연구원출판부, 2021.

22장 새해 첫날 나라 잃은 사람들이 마신 '도소'의 술

안축安軸, 《근재집謹齋集》.

정동유鄭東愈, 《주영편晝永編》.

《동아일보》 1922년 1월 2일 자 3면.

김삼웅, 《33인의 약속: 처음 밝히는 33인의 재판기록과 그 후 이야기》, 산하, 1997.

이승연, 《위창 오세창》, 이회문화사, 2000.

주영하, 〈《주영편》에 담긴 정동유의 당대 민속 인식〉, 《진단학보》 제110호, 2010.

그림으로 맛보는 조선음식사

1판 1쇄 발행일 2022년 9월 5일
1판 2쇄 발행일 2022년 10월 11일

지은이 주영하

발행인 김학원
발행처 (주)휴머니스트출판그룹
출판등록 제313-2007-000007호(2007년 1월 5일)
주소 (03991) 서울시 마포구 동교로23길 76(연남동)
전화 02-335-4422 **팩스** 02-334-3427
저자·독자 서비스 humanist@humanistbooks.com
홈페이지 www.humanistbooks.com
유튜브 youtube.com/user/humanistma **포스트** post.naver.com/hmcv
페이스북 facebook.com/hmcv2001 **인스타그램** @humanist_insta

편집주간 황서현 **편집** 박나영 이영란 **디자인** 박인규
용지 화인페이퍼 **인쇄** 청아디앤피 **제본** 민성사

ISBN 979-11-6080-893-3 03910